中国博士后科学基金资助
中国自然科学基金资助
教育部人文社科基金资助
江苏高校优势学科建设工程资助项目资助（PAPD）
南京财经大学学术著作出版基金资助

重要性审计程序研究：战略视角、量化模型及认知心理

毛　敏　著

中国财富出版社

图书在版编目（CIP）数据

重要性审计程序研究：战略视角、量化模型及认知心理／毛敏著．—北京：中国财富出版社，2013.12

ISBN 978－7－5047－4957－4

Ⅰ．①重…　Ⅱ．①毛…　Ⅲ．①审计程序—研究　Ⅳ．①F239.1

中国版本图书馆 CIP 数据核字（2013）第 243071 号

策划编辑　寇俊玲　　**责任印制**　方朋远

责任编辑　曹保利　彭佳逸　　**责任校对**　杨小静

出版发行　中国财富出版社（原中国物资出版社）

社　　址　北京市丰台区南四环西路 188 号 5 区 20 楼　　**邮政编码**　100070

电　　话　010－52227568（发行部）　　010－52227588 转 307（总编室）

010－68589540（读者服务部）　　010－52227588 转 305（质检部）

网　　址　http://www.cfpress.com.cn

经　　销　新华书店

印　　刷　北京京都六环印刷厂

书　　号　ISBN 978－7－5047－4957－4/F·2030

开　　本　710mm×1000mm　1/16　　**版　　次**　2013 年 12 月第 1 版

印　　张　14.25　　**印　　次**　2013 年 12 月第 1 次印刷

字　　数　219 千字　　**定　　价**　52.00 元

前　言

几年来，国内外频繁爆发了一系列极具震撼力的财务舞弊案，它们严重危及资本市场的健康发展，也使审计职业界面临前所未有的信用危机。为防范审计失败，各国监管机构、审计准则制定机构出台了各种管制政策或措施，其中之一就是重构审计模式。

2003 年 10 月，国际审计与鉴证准则理事会（IAASB）正式发布了三个新的国际审计风险准则，标志着现代风险导向审计的正式确立。

新国际审计风险准则正式引入“重大错报风险”概念，审计以识别重大错报风险为标志，审计的重心前移至风险评估。“重大错报风险”是指财务报表在审计前存在重大错报的可能性。那么如何定义“重大”的错报始终是争议的重心，而在现有的审计准则中，“重要性”是一个相当模糊的概念。IAASB 意识到：原有的重要性审计程序准则不能适应新风险导向审计的需要。重要性的概念应如何界定，应根据何种标准来衡量，是否应该为重要性审计程序提供更为明晰的应用指南……这一系列问题日渐成为理论界与实务界争议的焦点。在这种背景下，修订重要性审计程序准则已经迫在眉睫，IAASB 分别于 2004 年 12 月和 2006 年 8 月两次发布征求意见稿，并于 2010 年颁布重要性审计程序的正式准则。

本书的研究目的就是深化对现代重要性审计程序理论和实务的认识，研究在现代风险导向审计下如何提高审计师对重要性判断的质量。本书主要运用规范研究与实证研究相结合、归纳法与演绎法相结合、逻辑分析与历史分析相结合等方法。各部分的主要内容如下：

一、对重要性审计程序产生与发展的研究

本书第二章结合审计模式的演变，对重要性审计程序的产生与发展进行历史研究，提出了账项导向审计阶段是重要性审计程序的萌芽和初步发展阶段，19 世纪 80 年代重要性概念在英国公司法中的表述，可以说是重要性审计程序的萌芽；在制度导向审计阶段，重要性在审计准则中的地位正式确立，重要性成为审计理论体系的核心概念，但未有专门的规范重要性的审计准则；在风险导向审计阶段，重要性审计程序成为风险评估的核心概念，并逐渐成为指导审计师风险导向审计的核心理念。作者认为，重要性审计程序快速发展的实务背景主要在于三个方面：审计结论允许存在一定的错报与误差、会计师事务所面临的成本压力、日益扩大的审计期望差导致的诉讼爆炸和政府管制威胁等。此外，第二章还从总体上介绍了研究重要性审计程序的理论基础：信息经济学的信息不对称理论、博弈论、有限理性理论、认识心理学的启发式认知偏误、管理心理学有关个体心理过程与个性心理的理论及现代决策理论。

二、重要性审计程序基本理论研究

本书第三章首先从用户需求观或投资者保护观研究重要性审计程序的目标定位，对重要性审计程序的概念进行解读，并分别对会计重要性、法律重要性等相关概念进行辨析，阐述影响重要性审计程序判断的数量标准和性质标准。针对审计准则制定机构是否应提出统一的重要性数量标准，首先介绍了实务中重要性审计程序判断自发形成的经验规则，并通过动态博弈模型论证：如果提供统一的数量标准，会诱发客户管理层的盈余管理动机，增加审计失败的可能性。在分析影响重要性判断的性质标准时，认为性质标准应与数量标准并重，审计师不应忽略性质标准，并列举了性质标准的具体选择；同时认为重要性审计程序的本质是通过与审计技术的融合，为财务报表的可信性提供合理保证，以缩小信息使用者的期望差。

三、重要性审计程序使用情况的调查与分析

由于目前重要性审计程序判断标准尚未在审计报告中明确披露，我们无法直接获取审计师重要性判断的依据和方法，只能通过审计师意见类型的不同及相关影响因素来进行考察，探究隐含在审计意见中的审计师重要性判断问题。本书第五章利用我国上市公司财务数据，采用经验研究方法，对我国审计师重要性判断的一致性及其影响因素进行检验，得出了如下结论：①影响持续经营审计意见类型重要性判断的主要因素包括代表企业偿债能力的三个指标，即净资产是否为负、存货比例、每股现金流量；代表盈余的两个指标，即本年度是否亏损、盈余平滑指数；以及代表审计独立性风险的指标，即事务所规模。影响其他非标准审计意见类型重要性判断的主要因素包括盈余指标，即本年度是否亏损；代表财务报表质量的两个指标，即上年度审计意见为同类非标意见和股权集中度高低；以及代表审计独立性风险的两个指标，即事务所规模和事务所综合竞争系数。可见，盈余指标“本年度是否亏损”和审计独立性风险指标“审计规模”是共同影响审计师重要性判断的因素。②综合两类样本的回归结果，可以看到我国审计师对出具审计意见类型的重要性判断一致性并不同，各意见类型所确定的重要性水平虽然有一定差异，但区分度并不十分明确。其中，持续经营样本中除了无保留意见加强调段，无法表示意见与其他意见类型的差异均比较模糊；非持续经营非标样本中无保留加强调段同其他类型的区分度较好，保留意见也有一定的区分能力，另外两种意见类型均不能明确地与其他类型相区分，而是更容易被误划为保留意见类型，表明保留意见、保留加强调段及无法表示意见这三种类型中的重要性审计程序判断有很大的模糊性。比较来看，审计师出具持续经营意见非标意见时的判断绩效要优于非持续经营非标意见，表现为后者在判断因素及重要性水平的确定两方面的一致性都较低。从指标显著性来看，各类风险因素中都只有个别指标是显著的，模型的解释度以及分类预测正确率相对于持续经营样本要低得多。③此外，研究结果还表明审计师在选择非持续经营非标意见类

型时独立性更容易受到损害。

四、重要性审计程序的判断及绩效研究

重要性审计程序判断作为一种职业判断行为，可以通过职业判断的绩效评价指标，即共识、稳定性和自我洞察力来考察。本书第六章首先分析论证重要性审计程序是审计职业中一种重要的职业判断活动。以此为基础，借助实验研究方法，为实验对象提供模拟环境及重要线索，考察我国注册会计师的重要性审计程序判断绩效。研究结果表明：①我国注册会计师的共识、稳定性和自我洞察力已经达到了相当高的水平，换言之，我国注册会计师的重要性审计程序判断绩效已经达到了一定的水平，这与我国注册会计师协会和会计师事务所开展的各种形式的培训、实践训练和指导以及审计准则的有效指导是分不开的。②我国注册会计师的稳定性和自我洞察力的标准差比较大，有相当一部分注册会计师重要性审计程序判断绩效比较高，也有相当一部分注册会计师重要性审计程序判断绩效比较低，这可能是由我国注册会计师个体素质差异比较大导致的。③我国注册会计师重要性审计程序判断的稳定性低于共识，说明单个审计师在两个时点上判断的一致性小于不同审计师在同一时点上判断的一致性。④与国外的相似实验研究结果相比，还存在着明显的差距，其中稳定性和自我洞察力差距比较大，这可能与我国注册会计师审计历史比较短，整个职业的成熟度不够和整体素质不够高有关。⑤从重要性审计程序判断模型来看，实验任务中的8条线索的主效应解释了判断方差的绝大部分，交互效应只解释了很小的一部分，注册会计师的判断模型明显呈线性化；注册会计师在判断过程中，最重视的因素是调整事项对客户净利润的影响。研究表明我国注册会计师重要性判断时较关注数量标准的影响，而忽视性质标准的影响。⑥有证券、期货从业资格事务所注册会计师的共识、稳定性和自我洞察力略高于无证券、期货从业资格事务所的注册会计师，但不显著，换言之，我国的上市公司审计市场准入制度并没有带来重要性审计程序判断绩效的显著提高。

五、重要性审计程序的综合评价模型构建

重要性审计程序判断是通过综合评价重要性审计程序的各种数量标准和性质标准，权衡各种因素对审计结果的影响，得到最终的审计结论。因此，重要性审计程序判断是一个由诸多要素构成的高度复杂的系统，判断依据的信息总是带有一定的不确定性、模糊性，各因素难以确知和控制，会导致重要性判断的不恰当，以致发表不合适的审计意见。本书第七章首先将重要性审计程序判断的指标分为三层：目标层、主因素、子因素，根据审计环境采用六尺度语意变量及相应的模糊三角数，设计调查表由审计师专家打分，结合权重取得需要的模糊数，再利用图示法或三角重心法解模糊数，取得最适合的语意以辅导审计师的重要性判断，为评价重要性审计程序提供一种可行的科学方法。

本书得到中国博士后科学基金第50批面上资助项目《公共危机网络治理与环境绩效审计》（2011M500902），中国自然科学基金项目《融资约束影响产业绩效——并购规模与并购方向的作用》（71272239），教育部人文社科基金项目《企业社会责任报告决策价值及其作用机理研究》，江苏高校优势学科建设工程资助项目（PAPD），南京财经大学学术著作出版基金的资助。

毛 敏

2013年10月

目 录

第一章　导　论

第一节　研究背景

几年来，国内外频繁爆发了一系列极具震撼力的财务舞弊案，它们严重危及资本市场的健康发展，也使审计职业界面临前所未有的信用危机。根据美国反舞弊性财务报告委员会对1987—1997年的11年间证券交易委员会披露的舞弊案件的研究结果显示：在舞弊发生之前最后一期财务报表的审计中，有55%为标准无保留审计意见。即使财务报表舞弊公司被出具了非标准无保留意见，也不是因为财务舞弊的缘故，而主要是因为持续经营问题、诉讼或其他不确定性、会计原则变更、会计师事务所变更、范围受限等其他原因。审计师发现财务舞弊的概率不大（黄世忠、黄京菁，2004）。2001年，美国发生“安然”、“世通”财务丑闻，中国也爆发了“银广夏”事件，原国际五大会计公司之一的安达信和我国的中天勤会计师事务所也因此倒闭。

为防范审计失败的出现，各国监管机构、审计准则制定机构出台了各种管制政策或措施，其中之一就是重构审计模式。早在20世纪90年代，随着企业财务舞弊案的不断出现，国外一些会计师事务所已对传统审计方法进行了反思，开发出一系列的研究方法，如毕马威的BMP（Business Measurement Process）方法、安永的“全球审计方法”、安达信的“经营审计”方法以及德勤的AS/2方法。这些方法尽管在具体的结构框架上存在细微差别，但基本原理相同，都是把审计人员关注的风险范围由检查风险、控制风险全面扩大到固有风险的分析与评价上。通过审计方法的创新，使得在保证审计效率的基础上，把审计风险降到了合理的程度。职业界对传统风险导向审计方法的改进，也引起了英国、美国和加拿大等国审计准则制定机构的关注。为了解情况，这些审计准则制定机构于1999年成立了一个审计风险研究小组。2000年，研究小组得出结论，认为传统风险导向审计方法对财务报表审计仍然是有效和适当的，但需要完善，以提高审计效果。研究小组同时建议准则制定机构根据研究结论修订现行审计准则。在上述背景下，国际审计与鉴证准则理事会（IAASB）和美国审计准则委员会（ASB）先后各自成立了审计风险项目小组，随后又将两个小组合并，以便从源头上实现国际协调。该小组于2002年10月发布了审计风险准则征求意见稿。2003年10月，IAASB在东京召开的会议上对该征求意见稿进行了最后修订，并正式发布了三个新国际审计准则，这标志着现代风险导向审计的正式确立。我国财政部也于2006年2月发布了新的中国注册会计师执行准则体系，逐步实现了审计准则的国际趋同。

第二节　研究动机与问题

从1996年起，我国已初步建立了独立审计准则体系。我国经济的国际化、注册会计师行业发展的历史与现状以及作为国际会计师联合会成员等都要求我国审计准则走国际趋同的道路。但事实上，我国在开始制定独立审计准则时，采用了“拿来主义”的办法，即结合我国的实际情况，借鉴国际审计准则的做法。2006年2月15日，财政部颁布的《中国注册会计师审计准则第1221号——重要性》即借鉴了现行ISA320的一些思路。遗憾的是，我国对重要性原则及其运用的规范比较笼统，对实务的指导不够具体。目前尚缺乏重要性审计程序运用的详细指南，而执业准则的含糊性又为审计师随意运用职业判断提供了较大空间。如何合理运用重要性判断，以及如何评价审计师重要性判断的合理性，准则并没有给出一贯的明确的指导说明。这导致重要性审计程序判断的滥用，审计效果不尽如人意。

此外，重要性审计程序判断的过程本身是不完美的，它不仅受到逻辑缺陷的影响，而且也受到时间压力、知识结构缺陷和其他人类认知不足的影响。对不同审计师的重要性判断过程难以进行观测比较。会计师事务所和审计师执行重要性审计程序判断时随意性很大，他们对重要性审计程序的作用和具体使用也缺乏深入的了解，迫切需要审计理论界为实务提供更多的指导。因此，对重要性审计程序进行研究，对于我们深入理解现代风险导向审计理论，提高审计质量，无疑具有十分重要的理论意义和现实意义。

本文的研究目的就是深化对重要性审计程序理论和实务的认识，研究在现代风险导向审计下如何提高重要性审计程序判断的绩效。本文主要研究以下问题：重要性审计程序的基本理论、我国重要性审计程序的影响因素考察、重要性审计程序的判断及绩效研究、重要性审计程序模糊综合评价模型的构建。这些研究不仅有助于丰富我国的审计理论，而且对完善我国重要性审计程序准则、推行现代风险导向审计具有重要的意义。

第三节　文献回顾与评价

一、国外研究现状与评价

目前，国外对重要性审计程序的研究通常可以分为三类：重要性审计程序基本理论研究、重要性审计程序判断的影响因素研究、重要性审计程序的判断及绩效研究。

（一）重要性审计程序基本理论研究

这类研究主要从以下几个角度对重要性审计程序基本概念进行研究，如比较三种不同群体（信息提供者、审计师、信息使用者）重要性水平的差别，比较不同层级（经验）的重要性判断的一致性，比较不同事务所结构对重要性判断的影响，以及比较不同人员特性对重要性判断的影响等。

一些研究者研究了三种不同群体（信息提供者、审计师、信息使用者）重要性判断的一致性。Bernstein（1967）认为实务中对运用重要性概念的差别的原因是由于审计师和编制者缺乏清晰的指南造成的。Woolsey（1954a，b），Firth（1979）和Jennings等（1987）发现信息使用者的重要性水平最低。信息使用者主要是依靠公开财务信息制订经济决策，获取信息的途径有限，对信息精确性和可靠性要求更高，因而信息使用者选择制订较低的重要性水平来弥补这种不足。信息提供者与审计师提供的重要性水平孰高孰低，研究者对此没有统一定论。Pattillo（1976）认为信息提供者的重要性水平最高，而Woolsey（1954a，b）认为审计师确定的重要性水平最高。对审计师群体进行剖析，不同审计师重要性判断也呈现出不一致的情形。Woolsey（1954a，b）和Dyer（1975）均发现全国性会计师事务所制订的重要性水平要高于非全国性会计师事务所，Messier（1983）和Chewning等（1988）也发现当时的“八大”事务所的重要性水平要高于非“八大”事务所。

会计师事务所的结构对重要性判断有重大影响。Morris和Nichol's（1988）通过检验“八大”事务所对财务报表中因会计原则变化（利息资本化）导致的信息披露，结果表明重要性判断的一致性与会计师事务所结构正相关。结构化程度越高，重要性判断的一致性也越高。Icerman和Hillison（1991）认为结构化程度高的事务所比结构化低的事务所记录更多的错报。

通过比较不同群体以寻求重要性标准的方法本身就存在许多问题。首先，几乎没人知道财务报表是如何在经济决策中起作用的；其次，强调使用者需要固然重要，但重要性判断涉及的群体是对重要性持有不同观点的异质群体，几乎无人知晓财务报表提供者和审计师就重要性所作出的判断将会如何影响信息使用者的决策，审计师又何以能替代财务报表使用者作出决策？这些都是无法回答又无法回避的问题。

（二）重要性审计程序判断的影响因素研究

这类研究主要集中于计划阶段或评价阶段重要性审计程序的影响因素。早期文献中，许多研究试图识别出影响重要性决策的主要数量因素，如 Woolsey（1954a）发现最主要的数量因素是问题项目（如因地震造成的损失）与当期利润的关系，在随后的研究中，Woolsey（1954b）认为职业界应考虑建立准则以指导重要性判断。20 世纪 70 年代的一些研究表明，性质因素对重要性判断也存在影响（Pattillo 和 Siebel，1973；Pattillo 和 Siebel，1974；Pattillo，1976）。而20 世纪八九十年代的研究中，许多学者认为在重要性判断中，数量因素和性质因素并重（Krogstad等，1984；Steinbart，1987；Carpenter 和 Dirsmith，1992；Carpenter等，1994）。

国外对审计“计划重要性”（Planning Materiality）的研究主要集中于以下几个问题：

（1）计划重要性的影响因素。虽然准则制定机构及文献研究并不认同只靠数量性水平来判断重要性，但也不反对将其作为判断的开始。Friedberg 等（1989）检查事务所的审计手册，发现各事务所的数量指南和需考虑的性质因素很不相同。Blokdijk等（2003）发现计划重要性会随着客户规模等比缓速上升，随着客户控制环境质量和客户收益回报规模而增加，随着客户结构复杂性程度而减少。其他变量，如流动比率、固有风险、非法行为、财务杠杆、审计时滞、风险审计方法与计划重要性无显著关系。他们还发现当时的“五大”事务所比“非五大”计划重要性更低，且在报告盈余接近零时，计划重要性较低。

（2）“经验规则（Rule of Thumb）”的运用效果。由于审计师计划重要性判断借助通用的“经验规则”，Bernardi 和 Pincus（1996）发现大约75% 的审计师重要性判断借助经验规则，但没有发现舞弊预期与重要性判断相关。检验的审计证据数量或事后舞弊审计风险并未导致重要性判断的重大差别。“经验规则”是否有效是值得怀疑的。

（3）计划的财务报表层次重要性水平如何在各类交易、账户余额、列报认定层次分配。这部分内容应该说是审计研究的难点，也是实务操作的难点。审计准则指南只指出可通过分配与不分配的方法，需要审计师大量的职业判断。Braun 和 Dutta（1998）将影响信息使用者判断的一些关联账户的合并数额与关键财务比率因素整合，并考虑相对审计成本，提供了一种新的分析框架，为该难题提供了一种新路径。

“评价重要性”（Evaluation Materiality）是重要性审计程序研究的另一关键领域。Wright 和 Wright（1997）认为审计师对已识别错报的更正是有选择的，他们更可能调整客观确定的已识别错报。并且随着审计规模的增大，更易放弃调整已识别错报。Libby 和 Kinney（2000）以及 Ng 和 Tan（2003）的实验研究表明若调整建议的审计调整影响客户的财务分析师的赢利预测，审计师会放弃审计调整。

（三）重要性审计程序的判断及绩效研究

Messier（1983）研究审计经验，事务所类型和财务变量对重要性审计程序判断对共识（Consensus）、自我洞察力（Self-insight）和稳定性（Stability）的影响，发现审计经验和事务所类型会影响重要性判断的共识（Consensus）。Estes 和 Reames（1988）发现人员特性会影响审计师的重要性决策以及决策中的自信。在该研究中，人员特性包括审计师在上市公司审计中的年龄和经验，审计师的信心与外部审计的经验正相关。Messier（1983）、Krogstad 等（1984）通过实验研究发现经验对重要性判断有重大影响。总的说来，经验在审计师重要性判断中体现为更强的自我洞察力，共识和一致性。经验较多的审计师在决策中表现出更强的自我洞察力（Messier，1983）以及判断共识和一致性的改善（Krogstad 等，1984）。经验较多的审计师运用的重要性水平也越高（Krogstad 等，1984）。Carpenter 和 Dir Smith（1992）认为，当处理存在问题的会计交易时，有经验的审计师比欠缺经验的审计师运用更严格的重要性标准。Carpenter 等（1994）将经验的本质视为一种社会现象而非认知现象，有经验的审计师在判断决策时易将判断策略与事务所文化整合。

信息加工过程中的启发式方法和偏误方面的研究，主要是在审计背景下研究 Tversky 和 Kahneman（1974）的启发式方法（Heuristics-and-biases）和 Hogarth 和 Einhorn（1992）的信念调整模型（Believe-adjustment model）。Charles A. Brown（2002）得用 H-E 信念调整模型研究性质因素对审计师重要性判断的影响。他发现性质信息出现的序次对审计师重要性判断的信念调整有重大影响，审计师更为重视最新出现的重要性性质因素，这种现象在心理学中称为“近因效应”（Recency Effect）偏误。审计师的经验水平不能缓解近因效应，反而会恶化问题。

二、国内研究现状与评价

我国对重要性审计程序较为深入研究的学者首推段兴民教授。他在《重要性审计程序水平》（2004）一书中，从重要性与审计风险、重要性步骤和影响因素以及重要性准则的国际比较等角度进行了综合分析，并对完善我国重要性审计程序准则与指南提出了建议。然而，可能由于篇幅所限，该文章对重要性审计程序的很多研究领域都是一笔带过，阐述欠深入。张楚堂（2002）从重要性审计程序在审计理论体系中的地位与作用、重要性审计程序水平与可容忍误差的区别、与审计期望差距的关系等多个角度对重要性审计程序进行了翔实的论述。张龙平（2006）在《试论重要性审计准则的运用问题》一文中论述了新风险审计准则体系下的重要性含义、确定重要性与审计风险的关系、评价错报的影响等，并对完善我国重要性审计准则与指南提出了建议。然而，上述著作及论文均未触及重要性审计程序的实证研究。

王英姿（2002）在《审计职业判断差异研究——一项关于上市公司 2000 年年报的案例分析》一文中，首次根据重要性水平计量指标，区分上市公司的不同审计意见类型，考察不同意见类型的重要性水平差异以剖析我国审计师重要性判断的一致性，认为审计冲突、职业准则的明晰程度和执行情况是造成重要性判断差异的原因。但该文研究深度略显不够，对于造成重要性审计程序判断差异的原因以及解决策略没有提出有效性建议。吴晓波（2006）在其硕士论文中划分使用者层次，分别构建资产负债表层次和利润表层次的计划重要性水平模型，对我国证券市场的计划重要性水平进行了实证研究。他认为计划重要性与资产总额显著相关，而与利润总额非显著相关。研究深度略显不够，只验证了计划重要性水平在出具保留意见的中国上市公司中的有效性，而在其他类型审计报告中的运用绩效不得而知。

关于重要性判断的研究，谢盛纹（2004）对审计判断与决策中的启发式认知偏差和背景依赖偏差进行了有益的探讨。刘小年、岳阳（2005）对行为审计研究进行了回顾与展望，对透镜模型、审计判断的认知过程、决策前行为研究、审计师判断能力进行了较为全面的总结。王遥（2008）对基于行为金融学的“非理性”假定对影响注册会计师审计行为的影响因素进行了分析。上述的这些研究都只是针对审计判断的概括性的研究，并没有具体涉及重要性审计程序判断中的启发法和偏差问题。张继勋等（2006）以内部控制风险评估为案例，采用实验的方法对我国注册会计师的审计质量判断进行的检验，发现我国注册会计师共识、稳定性和自我洞察力已经达到了相当高的水平，但与国外的相似研究结果相比，还存在着明显的差距。后续研究中，张继勋等（2006）将会计师事务所区分为有证券、期货业务资格事务所和无证券、期货资格事务所，发现前者的注册会计师共识、自我洞察力等审计判断质量衡量指标略好于后者，但不显著。张继勋等（2008）在前述研究成果的基础上，将内部控制风险评估作为一般任务并将分析程序风险评估作为高级任务。他们发现作为一般任务的内部控制风险评估中，有经验审计师和缺乏经验的审计师在稳定性和自我洞察力方面不存在显著差异，但有经验的审计师的共识显著高于后者；而在作为高级任务的分析程序风险评估中，有经验的审计师的共识和稳定性均显著高于缺乏经验者，但两者在自我洞察力方面没有明显差异。张继勋等近年来开展的一系列审计判断实验活动及其取得的一系列成果对于审计判断研究无疑是具有开拓性的，但遗憾的是作为审计判断的一个重要领域——重要性审计程序判断，目前尚未有学者对此展开实验研究。

第四节 研究的主要内容与方法

一、研究的主要内容

本书的研究目的就是深化对现代重要性审计程序理论和实务的认识，研究在现代风险导向审计下审计提高重要性审计程序判断的绩效。本研究的基本思路是在厘清重要性审计程序的历史发展、基本理论的基础上，结合现代风险导向审计的最新发展，借鉴统计学、博弈论、计量经济学、认知心理学和模糊数学的理论知识，研究提高重要性审计程序判断绩效的策略，增进审计师应对复杂审计环境作出合理判断决策的能力。具体研究内容如下：

（一）重要性审计程序的产生与发展

本书将在第二章对此进行概述。具体包括：结合审计模式的演变，对重要性审计程序的产生和发展进行历史研究。剖析重要性审计程序快速发展的实务背景，阐述重要性审计程序研究的理论基础，包括信息经济学的信息不对称理论、博弈论、西蒙的有限理性理论、认知心理学的启发式认知偏误、管理心理学有关个体心理过程与个性心理的理论以及现代决策理论。

（二）重要性审计程序基本理论研究

这是本书第三章的主要内容，将首先在界定用户需求观或投资者保护观的基础上，对重要性审计程序的概念进行解读，并分别与会计重要性、法律重要性等相关概念进行辨析。阐述影响重要性审计程序判断的数量标准和性质标准。构建动态博弈模型，以论证审计准则制定机构是否应提出统一的重要性数量标准。分析影响重要性判断的性质标准。

（三）重要性审计程序使用情况的调查与分析

这是本书第五章的主要内容。利用我国某些上市公司2005—2009年财务数据，应用内容分析法、二分类Logit回归模型及无序多分类Logit回归模型对出具非标意见的风险因素及审计师重要性判断的差异进行检验。采用有序多分类Logit回归模型检验各类型风险因素对出具非标意见类型重要性判断决策的影响。

（四）重要性审计程序的判断及绩效研究

这是本书第六章的主要内容。重要性审计程序判断作为一种职业判断行为，可以通过职业判断的绩效评价指标即共识、稳定性和自我洞察力来考察。本章首先分析论证重要性审计程序是审计职业中一种重要的职业判断活动。以此为基础，借助实验研究方法，为实验对象提供模拟环境及重要线索，考察我国注册会计师的重要性审计程序判断绩效。

（五）重要性审计程序的综合评价模型构建

这是本书第七章的内容。该章旨在探求一种科学的、可行的重要性审计程序判断的综合评价模型。从重要性审计程序判断过程的视角将被审计单位分解为三级指标体系，采用层次分析法确定各指标的权重，再结合专家打分，建立模糊综合评价模型，实现对重要性审计程序评价指标从定性评价到定量评价的模糊映射，最后，以一重要性审计程序判断案例为例，对模型的有效性进行了检验。

二、研究方法

科学、合理的研究方法是一项研究是否成功的关键，而研究方法是否科学、合理，衡量标准在于其是否与文章的研究思路与研究内容相适应。根据本文的研究思路与研究内容，在第二章“重要性审计程序的产生与发展”中主要采用历史研究与规范研究的方法。在第三章“重要性审计程序的基本理论”中主要采用了规范研究的方法，而在论及是否应为实务界提供统一的数量标准时，设计动态博弈模型。认证若采用统一标准，会诱发更多的盈余管理，更易导致审计失败。在第五章“我国重要性审计程序的影响因素考察”中，主要采用了经验研究方法，采用二分类 Logit 回归模型及无序多分类 Logit 回归模型对出具非标意见的风险因素及审计师重要性判断的差异进行检验。在第六章“重要性审计程序的判断及绩效研究”中，先采用规范研究论证了重要性审计程序是一种重要的职业判断行为，在此基础上，采用实验研究方法，对我国注册会计师的重要性判断绩效进行了考察。在第七章“我国重要性审计程序的综合评价模型构建”中采用实证研究方法，利用层次分析法和模糊数学，是辅助审计师的重要性判断。

第二章　重要性审计程序的产生与发展

在不同审计模式下，重要性审计程序的作用和地位有着很大的差异。本章将结合审计模式的演变探讨重要性审计程序的产生与发展，分析重要性审计程序快速发展的实务背景，并阐述重要性审计程序研究的理论基础。

第一节　审计模式与重要性审计程序的产生与发展研究

民间审计①的产生与发展源于企业所有权和经营权分离所导致的受托经济责任。随着社会经济环境的变化和审计师对审计活动本质认识的逐渐深入，民间审计依次出现了三种审计模式，即账项导向审计模式、制度导向审计模式及风险导向审计模式。相应地，重要性审计程序也经历了从无到有，不断发展的历程。作者将结合审计模式的演进来探讨重要性审计程序的产生与发展。

模式，《现代汉语词典》将其定义为“某事物的标准形式或使人可以照着做的标准样式”；《辞海》将其解释为“一般指可以作为范本、模本、变本的式样，作为术语时，在不同的学科有不同的含义，在社会学中是研

---

① 民间审计对于重要性审计程序的研究最为完善，制定审计准则也最早，因此本研究报告主要以民间审计为主要研究对象，同时也兼顾国家审计和内部审计。对于审计人员，国内外有多种称呼，如注册会计师（中国和美国），特许会计师（英国、加拿大、澳大利亚等），执业会计师，审计师等。为统一称谓，本文主要采用“审计师”一词，对我国审计人员本文也将同时采用“注册会计师”一词。

究自然现象或社会现象的理论图式和解释方案”。由此，我们可以认为审计模式是人们在社会审计活动中，通过对环境的观察、分析和研究，总结出审计现象的一系列基本特征，并对这些基本特征作综合表述与反映，且将其组织起来构成一个有机的整体，从而形成的抽象化、典型化的理论图式或模型。它是审计导向性的目标、范围和方法等要素的组合，规定了审计应从何处入手、何时着手、如何着手等问题（王泽霞，2005）。

在审计发展的历史长河中，审计模式的发展起着相当重要的作用。由于审计活动总是为达到一定的目的、完成一定的审计目标而设计，因而，审计模式的发展就必然要受到审计目标变化的深刻影响。随着社会经济的发展，按照审计形成和发展的历史顺序，与审计目标的变化相适应，审计模式的发展大致可以分为三个阶段：账项基础审计阶段、制度基础审计阶段、风险导向审计阶段。

一、账项基础审计阶段：重要性审计程序的产生与初步发展

账项导向审计是以会计账簿为主要审查对象。审计师从会计事项所依据的相关会计原始凭证入手，追查到记账凭证、账簿、财务报表等会计文件的形成，验算其记账金额，核对账证、账账、账表，如果它们之间能够钩稽相符，就认为财务报表所反映的情况是真实的（常勋、黄京菁，2004）。根据侧重点的不同，我们又可以将其分为英式详细审计阶段和美式资产负债表审计阶段。

（一）英式详细审计阶段

现代意义上的民间审计是伴随18世纪初期到19世纪中叶英国产业革命的完成而开始的。正因为有了产业革命，有了随之而来的大规模生产经营和城市化，有了以两权分离为特征的股份有限公司、工业联合公司的兴起，才有对作为站在第三者立场上公正地反映企业经营状况的公共会计师的需要（郭道扬，1999）。英国《公司法》对民间审计起到了决定性影响。1844年，英国政府为了保护广大股票持有者的利益，颁布了《公司法》，

规定股份公司必须设监察人，负责审查公司账目。对英国会计师职业化最具意义的是1845年颁行的《公司法》，该法规定：监事可以聘请外部的会计师进行协助，并提及到“会计师和代理人”或“商业性的会计师”（郭道扬，1999）。这一规定无疑对发展民间审计起到了推动作用，现代民间审计制度便应运而生。

虽然1845年《公司法》允许监事聘请会计师协助工作，但19世纪中叶以前的会计师都未经统一考试，审计技术并不熟练，其业务范围广及破产事务、演算事务、信托事务、保险事务和会计事务，与法律事务关系密切。单就会计事务来说，也仅限于公司账簿记录和决算事务，以及检查、修正有争议的账簿记录的事务。这些会计师并不是现代意义上的审计师，从事审计只是他们的副业。有人认为当时的会计师仅仅是对加法很熟练的计算专家（文硕，1996）。甚至直到19世纪后期，一位律师评论说：“会计师似乎是这样一种人，他们甚至不会算账。”（王光远，1999）所以，由他们协助办理的审计业务往往是不彻底的。这种简单的、朴素的审计仅限于审查全部支出是否编制了相应的支出凭证，资产负债表是否与总账余额相吻合。从当时的会计发展水平看，会计信息并未发生急剧膨胀而产生对重要性概念的诉求，对重要性概念的运用更是不可能的。

该时期审计单位的融资方式较为简单，会计报表使用者以业主自身为主体，会计报表信息的外部使用者对信息质量要求并不高，业主聘请审计师的目的是为了防范簿记人员的舞弊及差错。在当时的审计环境中，审计师很难总结出有规律的审计理论与技术。审计师普遍的做法是，凭着自己的工作经验，查找差错与舞弊（王光远，1999）。在这种背景下，我们很难发现重要性审计程序的蛛丝马迹。Holmes（1972）认为重要性概念可能起源于1867年英国Venezuela V. Kisch中央铁道法案，在判决方案中提到了“在计划书中不应错报或隐瞒任何重要事实”。铁道法案的一些条款在会计审计的发展中是先驱性的［（美）迈克尔·查特菲尔德著，1989］。

Oliver Wondell Holmes（1881）在论及成文法中的无效合同时，将错误表述（Misrepresentation）定义为："如果舞弊性错误表述对合同的制定产生了影响，则这种错误就是重大的。那么我们怎样判断是否是重大的？一定是根据日常经验：如果表述是真实的，会签订合同；如果有重大的表述错误，则会拒绝签订合同。"（Holmes，1972）

1895 年戴维委员会提出了更为完整的重要性概念："某一合同或事实，如果其可能影响说明书中提及的谨慎投资者（Prudent Investor）对股票或债券认购的判断，则可能是重大（Material）的"（Holmes，1972）。这个提议，后来成为英国 1900 年《公司法》正式条款。

综上所述，早期的英式审计采用的是详细审计方法，当时审计师的专业技术仅仅局限于簿记技术，还没有形成专门的审计技术，审计工作也不过是第二次簿记。正如 Holmes 所认为的，该时期的重要性概念仅是一个法律术语，法官用其衡量会计人员或其他相关人员在销售证券时的错误表述（Misrepresentation）是否影响谨慎投资者的经济决策（Holmes，1972）。

（二）美式资产负债表审计阶段

美国南北战争以后，急速工业化的美国经济吸引了大量的欧洲资本，尤其是英国的资本。在 19 世纪 80 年代，苏格兰和英国的特许会计师纷纷来到美国，对他们的委托人在美国投资的财产和企业的舞弊行为、价值和现状进行审计。伴随而来的还有英国《公司法》的相关条款。"重要性"概念作为英国《公司法》中衡量销售证券是否存在错误表述或欺骗的标准，也同时被引入美国的相关法律中（Woolsey，1973）。

19 世纪末到 20 世纪初，英国的会计师们将审计传入北美大陆。与英国由国会立法对公司所进行的强制性审计不同，在美国的联邦法规中并未作出股份公司必须接受审计的规定。20 世纪初，美国审计主要涉及的是银行短期流动资金贷款事项。银行为了降低贷款风险，要求申请贷款企业提交经过注册会计师审计的资产负债表，根据其流动资产和流动负债比例情况，判断其清偿能力，以决定贷款与否。在当时，这种审计被称为“资产负债表审计”。由于审计工作主要从防止错误和弊端转向判断清偿能力，显然已无必要“对受审期间所有的交易事项进行彻底核查”。在1923年出版的《蒙哥马利审计学》中已指出这种审计目标的转变。蒙氏指出：现实的主要审计目标是“确定一个企业现实财务状况和收益”，而将查错揭弊降为次要的审计目标（王雄、曹大宽，1991）。从1905年起，重要性概念开始比较随意地出现在会计审计文献中，Woolsey（1973）认为这段时期职业人员通常只将其视作一种普通的法律术语，在法庭中用于辩护或解释自己的权限。在20世纪30年代以前似乎没有会计师要求对重要性进行定义，他们并不认为重要性概念具备会计和审计含义。

1929—1933年爆发的资本主义经济危机使美国的证券市场几乎完全崩溃，广大股票投资者遭受了巨大损失。社会公众一致认为，证券交易手续不完备、财务报表不真实是使投资者蒙受损失的主要原因。迫于这些压力，美国国会很快于1933年和1934年分别通过了《证券法》和《证券交易法》，并成立了证券交易委员会（SEC）负责上市证券的管理。1934年《证券交易法》的S-X规则（1-02条款）中引入了重要性定义：“一个事实，如果正确地表达或披露，会或者可能会阻止普通投资者购买该证券，那么这个事实是重大的。”（Woolsey，1973）。蒙哥马利（1940）评价重要性概念时提到：“某一事实，如被正确说明或公开，将起到阻止有正常警惕性的投资者购买有问题的证券的作用。”（转引自王雄、曹大宽，1991）证券交易法对财务报表的主要要求就是财务报表中不含有不真实的重要事项，或隐瞒任何重要事项。这一思想致使审计师重新思考审计的内容和程序。

随着经营组织规模不断增加，经济活动和交易事项内容不断丰富、复杂，如果对一切会计事项均不分轻重主次和繁简详略，采取一视同仁的会计处理方法，必将增加许多不必要的工作量，却不一定能带来额外收益，相反会影响他人对信息的理解。会计师逐渐利用已知的法律重要性概念，将重要性作为一种“信息筛选器”（Materiality Filter）（Mckee，2000），避免提供因信息过多而扰乱信息使用者的决策。重要性渐渐具有了会计含义，成为会计师筛选会计信息的标准。

会计工作量的激增带来审计师工作量的迅速增大，详细审计难以实施，企业难以负担高昂的审计费用。为了适应审计环境的变化和审计工作的需求，职业界逐渐淡化了详细审计，代之以抽样审计。然而，不考虑企业的其他因素，单纯使用抽样审计有其固有的局限性，因为审计师对企业风险、样本取舍、误差范围乃至误差率的估计都有相当的难度，而且抽样是完全建立在审计师自己的主观经验之上的。审计师开始自觉不自觉地运用重要性概念作为审计证据筛选的标准。审计结果允许存在一定的误差开始得到职业界的广泛认可。审计报告的目标从最初的揭弊查错转向合理保证会计报表的公允表达（蔡春，2001）。审计师逐渐将重要性用作衡量审计证据收集的标准（Mautz，1966），重要性概念也渐渐具有了审计含义。

在 1942 年举行的美国注册会计师会议上，审计测试技术引起广泛的重视，成为大会的重要议题。会后，纽约的 Leslie Bandks & Company 会计师事务所的合伙人 Robert H. Prytherch 将这次圆桌会议上的各种观点加以归纳，写成《测试多少方能满足要求》。文中，他谈到如何将审计中的“重要性”概念数量化，以及如何在抽样中进行成本效益分析比较等，这对后来美国审计准则的制定产生了广泛影响（王雄、曹大宽，1991）。

与此同时，一些学者也开始对重要性概念的模糊性提出了质疑。1938 年 George Bailey 在美国注册会计师协会第 51 届年会上表示：“我们职业界很少去解释何谓‘重大的（Material）’。对我而言，这是非常危险的，而且并非一种职业化的行为。职业界自身应对重要性理解取得一致，并对我们最终确定的含义予以公开化。”（Holmes，1972）

综上所述，在账项基础审计阶段，重要性概念开始出现在审计领域，但其并不具有特定的审计学含义，并未成为审计理论体系的基本概念。审计师利用重要性概念作为审计证据的筛选标准。但无论在理论界还是职业界尚未出现明确的重要性标准，使得学者开始对重要性概念的模糊性提出质疑。

二、制度基础审计阶段：重要性审计程序在审计准则中的地位正式确立

随着经济活动和交易事项内容不断丰富、复杂，审计师的工作量迅速膨胀，企业也越来越难以承受高昂的审计费用。为了适应审计环境的变化和审计工作的需求，抽样审计得到了广泛的运用，审计目的也逐渐从查错揭弊转变到对财务报表的公允性发表意见。

然而，如果没有其他因素的指导，单纯使用抽样审计有较大风险，因为审计师对企业风险点的判断、样本大小的确定、误差范围乃至误差率的估计都有相当的难度，抽样风险很高。另外，随着企业经营规模的扩大，业主或企业管理层也必须改变“事必躬亲”的管理方式，建立相应的内部控制制度。为了提高审计效率，改变抽样审计的随意性，实务界将审计的视角转向企业管理制度，特别是会计信息赖以生成的内部控制。职业界逐渐认识到，设计合理且执行有效的内部控制可以保证财务报表的可靠性，防止重大错误和舞弊的发生。这种认识尤其在1938年美国麦克森·罗宾斯公司破产案之后得到深化，以内部控制测试为基础的抽样审计在西方国家得到广泛应用。1947年，美国会计师协会（美国注册会计师协会AICPA的前身）在其发布的一般公认审计准则（GAAS）的外勤工作准则第二条中规定：“应对内部控制取得充分的了解，以便计划审计并确定所要执行测试的性质、时间和范围。”

从方法论的角度看，该种审计方法可以被称作制度导向审计方法，或制度基础审计方法。它的重点在于要求注册会计师了解、测试和评价内部控制设计的合理性和执行的有效性。对于内部控制存在缺陷的环节，审计师通常将其涉及的交易和账户作为审计的重点，甚至进行详细审计；对于可以信赖的内部控制环节，审计师通常可以进行抽样审计。由此，制度导向审计方法就大大减少了审计师的工作量，提高了审计效率，同时也降低了企业承担的审计费用。

这段时期，重要性概念开始逐渐为美国会计学会所接受，1958年的

《公司财务报表的会计与报告准则》将重要性定义为："某项目的重要性可能取决于它的金额大小、性质或两者兼而有之。如果有足够理由相信，了解该项目将会影响到投资者的决策，那么，这个项目就应视为重要的。"（叶清辉，2003）此时的会计重要性概念开始区别于法律重要性概念。法律重要性是会计信息错报的结果可能影响信息使用者判断，强调的是重要性使用的结果。会计重要性是将重要性作为会计信息错报的筛选标准，高于该标准应予以更正，否则可能会影响会计报表的公允表达；低于该标准的会计信息错报无须花大量的会计成本予以更正，强调的是重要性使用的过程。

会计重要性逐渐发展成为衡量会计信息决策有用性的标准，在美国财务会计准则委员会（FASB）成立之初，重要性成为FASB日程上的七个最初问题之一。1975年，FASB发行了名为《重要性的确定标准》（*Criteria for Determining Materiality*）的讨论备忘录，在这份备忘录中，FASB阐述了它的"宏伟目标"——要设立重要性标准，通过执行这一标准将获得财务报告的一致性。该委员会设立重要性的意图是要让这一标准适用于各种环境下的不同项目。但遗憾的是，从信息使用者视角提供重要性的一般标准几乎是不可能的。FASB不得不调整其原初设定的目标，将其纳入财务会计理论体系，作为第二号财务会计概念公告《会计信息质量特征》的一部分。

在审计领域，随着经济业务发展和会计业务规模迅速增加，单纯依靠传统的审计技术已显得力不从心。审计师逐渐发现，如果合理运用职业判断，选择一个合理的重要性分界点（Materiality Threshold），高于该分界点的列为重大错报，花费较多的审计成本重点审计；低于该分界点的错报列为非重大错报，花费相对较少的审计成本，审计效率将大为提高。审计师意识到如果将重要性概念整合进入审计程序，并转化为一个具体的量化标准以指导审计证据的选择和评价，不仅节约审计成本，提高审计效率，实现审计资源的有效整合，而且能合理保证审计目标的实现。

这段时期，理论界对重要性的研究逐渐活跃。莫茨和夏拉夫（1961）

在其经典文献《审计理论结构》中，没有将重要性作为审计基本概念，而是将重要性作为审计证据证明力的判断标准，以指导审计证据的收集。莫茨（1965）比较全面地表达了他对重要性审计程序问题的看法，他认为设计一套合理的重要性指南是很必要的，可以辅助审计师简化重要性决策，避免审计判断的过度运用（Overriding Application）。

一些学者研究了影响重要性审计程序判断的数量因素与性质因素。Woolsey（1954a）发现最主要的数量因素是问题项目（如因地震造成的损失）与当期利润的关系。Pattillo 和 Siebel（1973）、Pattillo 和 Siebel（1974）以及 Hojskov（1998）等的研究表明，性质因素对重要性判断也存在影响。

早期重要性审计程序的运用仅限于审计证据的评价阶段，如加拿大特许会计师协会（1965）（转引自 Cushing 等，1979）出版的手册《审计技术：审计学中的重要性》提及当时的重要性主要运用于证据评价阶段，在计划阶段的运用相对较少。而 Peat，Marwich，Mitchell & CO.（1976）（转引自 Cushing 等，1979）认为重要性概念的使用应贯穿于审计的整个过程，即在初始审计时制订总体审计策略，在审计程序的选择以及确定外勤计划测试所需要的范围时都应使用重要性概念。

第一个正式规范重要性审计程序的准则是美国注册会计师协会 1973 年《审计准则说明书第 1 号》（*Statements on Auditing Standards No. 1*，SAS No. 1）的合辑。在该合辑的 320A. 10 条款中，认为若将审计抽样建立在重要性基础上，能更好地实现审计目标："尽管'精确性'与'可靠性'在统计上并不可分，委员会认为有一种方法可将精确性与重要性和可靠性结合，为合理出具审计意见提供基础"（AICPA，1979）。重要性与统计抽样技术相结合得到了审计实务界的广泛认可。1978 年 SAS No. 22《计划与督导》中，要求审计师在制订审计计划时应考虑重要性，"初步估计用于审计目的的重要性水平"。

综上所述，在制度基础审计阶段，重要性成为审计理论体系的核心概念。重要性开始出现在一些审计准则中，但未有专门的规范重要性的审计准则，重要性的运用需要大量的职业判断。

三、风险导向审计阶段：重要性审计程序成为风险评估的核心概念

在制度导向审计的后期，人们发现单纯依靠内部控制来指导审计抽样测试存在较大的缺陷。内部控制制度本身存在固有的局限性：即使是设计最完美的内部控制制度，也可能因为执行人员的粗心大意、判断失误等原因造成控制失效；因环境改变而控制效果下降；因员工的串通舞弊而形同虚设。更重要的是，目前企业舞弊大多数是管理当局舞弊，由于所处地位特殊性，他们极易逾越内部控制（王泽霞，2004）。如果企业管理层存在舞弊造假行为，他们可以很轻松地超越内部控制的限制，利用其掌握的内部控制制定权与操作权，刻意地掩盖其舞弊造假的迹象，蒙蔽和利用审计师，使他们在审计报告中出具错误的审计意见，成为其舞弊造假行为的替罪羊。从表面上看内部控制依然存在并良好运行，但实际上内部控制所要求的相互制约已经不再存在，检查内部控制制度往往无法发现这种刻意隐瞒的舞弊造假行为（常勋、黄京菁，2004）。这就为风险导向审计思想的产生提供了契机。

（一）传统风险导向审计阶段

1957 年，《蒙哥马利审计学》第八版首次将“风险”这一概念与审计程序的设计紧密联系起来，开始探索审计风险控制的措施和审计方法的改进。至 20 世纪 70 年代，基于审计风险观念上的审计方法开始在审计实务中被陆续采用（蔡春、赵莎，2006）。在 1981 年，AICPA 发布了 SAS No. 39《审计抽样》，在该准则的附件中提出了供参考的审计风险模型，认为审计风险由固有风险、控制风险、分析性检查风险和详细测试风险四个子风险组成，其中固有风险和控制风险表示财务报表中发生重大错报的风险，分析性检查风险和详细测试风险表示财务报表中的重大错报未被发现的风险。这一观点得到加拿大特许会计师协会的支持（蔡春、赵莎，

2006）。

但是只过了两年，美国注册会计师协会发布了 SAS No. 47《审计业务中的审计风险与重要性》（1983）。这是第一部审计风险模型包含在正文的准则①，也是第一部正式规范重要性审计程序的准则。可以说，SAS No. 47 是对重要性具备审计含义的正式确认②。在这种审计模式下，审计工作通过财务报表固有风险和控制风险的评估来确定可接受的检查风险，进而确定实质性测试的性质、时间和范围，最终把审计风险控制在可接受水平。该准则既从理论上解决了审计师以制度为基础采用抽样审计的随意性，又解决了审计资源的分配问题，要求审计师将审计资源分配到最容易导致会计报表出现重大错报的领域（陈毓圭，2004）。将重要性审计程序融入审计风险模型，能更有效地控制与防范审计风险，重要性审计程序配合审计风险在审计流程的各个环节广泛使用，成为审计风险理论的一个重要支撑点。

而对于重要性审计程序，国际会计师联合会下属的审计实务委员会（IAPC）的国际审计指南第 1 号（IAG1，1980 年）《财务报表审计的目的和范围》认为，“审计师在对财务报表形成意见时，应合理地确信财务报表在所有的重要方面都做了恰当的表达”③。该指南明确将重要性审计程序确定为主要的审计概念。1981 年颁布的 IAG4《审计计划》表示在制订审计计划时应考虑重要性审计程序。IAG25《重要性和审计风险》于 1987 年颁布，这份文件类同于美国 SAS47《审计业务中的审计风险与重要性》。

在这段时期，实务界常有一些企业利用审计师常用的重要性标准，在

① SAS No. 47 中提及的审计风险模型即是我们非常熟悉的传统审计风险模型：审计风险 = 固有风险 × 控制风险 × 检查风险。

② 目前，我国审计理论界将以以上三要素的审计风险模型为基础的审计称为传统风险导向审计。

③ 在 1980—1991 年发布的准则称为国际审计指南（International Auditing Guidelines，IAG）。从 1991 年开始 IAPC 才开始用“国际审计准则”的称谓。为叙述方便，下文中具体某个国际审计指南都采用 IAG 加编号的表述方式。

处理各个不重要的小额项目时拉伸公认会计准则的弹性极限，以掩饰盈余管理，帮助企业达到财务分析师的预期值。针对这种情况，美国证券交易委员会于1999年颁布了第99号首席会计师办公室公告（SAB 99），要求审计师站在财务信息使用者的立场上考虑综合因素进行重要性判断，对一些数量上并不显著的错报，应根据错报的性质判断其重要性①。

一些学者致力于开发计算重要性水平的方法。随着计算机技术的发展，Paul J. Steinbart于1987年开发了Audit Planner规则导向专家系统，以辅助审计师的重要性判断。

（二）现代风险导向审计阶段

审计师在运用传统风险导向审计方法时，通常难以对固有风险作出准确评估，往往将固有风险简单地确定为高水平，转而将审计资源投向控制测试（如果必要）和实质性测试。由于忽略对固有风险的评估，审计师往往不注重从宏观层面上了解企业及其环境，而仅从较低层面上评估风险，容易犯只见树木不见森林的错误（谢盛纹，2007）。但企业是整个社会经济生活网络中的一个细胞，所处的经济环境、行业状况、经营目标、战略和风险都将对财务报表产生重大影响。如果审计师不深入考虑财务报表背后的东西，就无法对财务报表项目余额得出一个合理的期望值。在20世纪80年代，管理舞弊行为不仅没有得到有效的控制，反而愈演愈烈，给财务报表的使用者带来了巨大的损失。审计职业也面临来自监管部门和社会公众的越来越大的压力。

20世纪80年代开始，一些国际会计师事务所对传统审计过程和审计方法进行全面的重构。这一革命性变化的一大成果就是毕马威在1997年发布的研究报告《以战略系统观组织审计》。在2001年10月，IAPC联合美国审计准则委员会（ASB）成立了“风险分析联合项目组”。在经过仔细的分析研究之后，将审计风险模型修改为“审计风险=重大错报风险×检

① SAB 99 – Materiality. http：//www. sec. gov/ inters/ account/ sab99. htm.

查风险”。2002 年 10 月，在 IAPC 基础上改组成立的 IAASB 发布了审计风险准则的征求意见稿。2003 年 10 月，IAASB 正式发布了三个新国际审计风险准则，标志着现代风险导向审计的正式确立。

在现代风险导向审计模式中，重要性审计程序应贯穿于整个审计过程。审计师需要考虑计划阶段和报告阶段的重要性审计程序判断的差异，不仅应在审计计划阶段合理设定重要性审计程序水平，以指导审计证据的收集以及审计资源的合理利用，与此同样重要的是在报告阶段对重要性审计程序的评价。而传统风险导向审计对评价重要性审计程序的重视程度显得远为不够，忽视报告阶段的重要性与计划阶段重要性的差异，直接影响了审计程序运用的效果及审计目标的实现。

现代风险导向审计将重要性审计程序分为财务报表整体层次和各类交易、账户余额、列报认定层次。在计划阶段审计师将整体层次的重要性根据职业判断分配至认定层次，这实际上采用的是自上而下的演绎推理，其结论带有或然性（抽样风险），容易被局部现象所蒙蔽。在报告阶段，审计师将认定层次的重要性汇总以评估总体层次的重要性，这是一种自下而上的归纳推理，从整体上把握重大错报风险的严重程度不影响财务报表的公允表达，可以弥补其他审计程序的不足，避免抓不住审计重点。重要性审计程序的这种思想与风险导向审计是相吻合的，成为风险导向审计理论构架的主要基石。

第二节　重要性审计程序的形成机理分析

纵观重要性审计程序的发展史，从 19 世纪末到 20 世纪 60 年代，重要性审计程序的发展是比较缓慢的。然而，从 20 世纪 60 年代至今，重要性审计程序得到了快速发展，包括相关审计准则的制定，程序的科学化等，这其中的背景何在？笔者认为，以下三个因素对重要性审计程序的发展起到了决定性作用。

一、重要性审计程序研究的形成机理分析

（一）审计结论允许存在一定的错报与误差是重要性审计程序存在的内在前提

重要性审计程序存在的主要原因之一是审计结论允许存在一定的错报及误差。审计目标与审计功能是决定审计属性的关键因素（谢志华、崔学刚，2006）。审计目标从早期的查错揭弊，发展到评价受托责任履行情况，最终发展到对决策有用性的追求。审计目标与审计功能决定了审计是以审计结论存在一定错报为前提的，这一错报即体现为重要性审计程序，表现为审计后存在的错报不足以导致信息使用者的错误决策。

由于会计首先要对不确定的经济环境做出一定假设，同时会计确认与计量离不开会计人员的职业判断，这就会导致会计信息与客观经济事项的不完全一致，从而存在由于会计确认与计量方法选择的弹性而导致的误差，这一误差只要符合会计确认原则，审计就应当承认这一误差；基于评价受托责任而必须提供会计信息时，主要是提供以历史信息为基础而形成的财务报表，在这一过程中也存在误差，只要这一误差不至于影响受托责任，审计师将认可这一误差；同时，会计还必须为未来决策而提供信息，这一信息必须以历史信息为基础且能够推演出未来的变动趋势，由于审计只是对以历史信息为基础的财务报表的合法性与公允性进行鉴证，并不能就会计信息的未来决策有用性进行判断，因此审计没有能力对会计信息的未来决策有用性进行判断，从而存在基于会计信息决策有用性的误差。这样，在审计中实际上存在三种审计误差：一是基于会计确认与计量方法选择的弹性而导致的误差（A）；二是基于会计信息在不影响评价受托责任前提下而允许存在的误差（B）；三是基于会计信息决策有用性的误差（C）。一般来说，这三种误差的大小具有包含关系见图 2－1。

对于 A 类误差，即由于会计确认与计量方法的选择误差超出了会计准则所允许的范围，而审计师却出具了无保留意见，那么审计师将承担较大

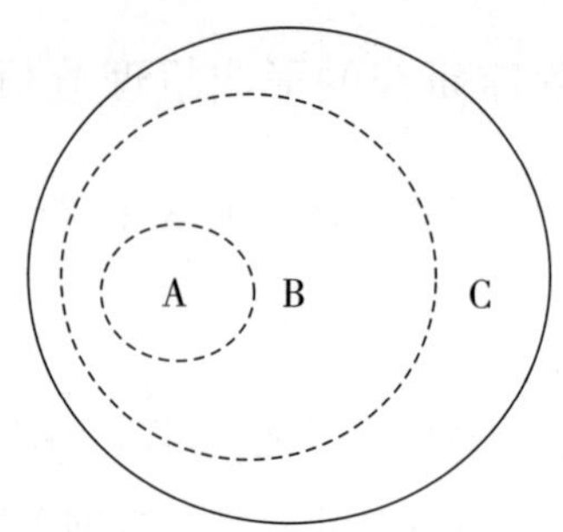

图2-1　三种审计误差的包含关系

的审计风险；对于B类误差，即由于会计信息在评价受托责任中的误差可能会导致错误地评价受托责任的履行情况，而审计师并没有对这种错报风险进行提示，那么审计师也由此承担着巨大审计风险；对于C类误差，即由于会计信息在决策有用性方面存在误差，而审计师没有能力对此进行识别，所以从理论上讲，审计师将不应对此类误差承担审计责任。因此，重要性审计程序是由图2-1中A区域决定的，因为如果由较大的C区作为重要性水平，意味着相对于A区较小的风险控制水平，审计风险已经超过这一控制水平，从而审计必须承担风险责任。一般来说，C的风险控制水平总是大于A或B的控制水平，但A和B的风险控制水平何者为小并不是固定不变的。

（二）会计师事务所面临的成本压力

重要性审计程序能够被广泛运用的另一原因是会计师事务所面临的成本压力。这与20世纪70年代爆发的经济危机和美国政府鼓励审计市场竞争密切相关。

20世纪70年代，美国和资本主义世界饱受能源危机、经济危机和滞胀之苦。1973年石油输出国组织提高了油价，触发了第二次世界大战后最严重的危机。在这场危机中，美国工业生产下降了15.3%，国民生产总值下降了48%，破产的公司共达14998家，失业率达9.1%，物价大幅度上涨。危机期间，美国消费物价上升了7.4%。1973—1975年的经济危机结束了第二次世界大战后资本主义发展的“黄金时代”。在1973年经济危机之后，通货膨胀与经济停滞、高失业率并存，成为发达资本主义国家连续10年左右的普遍现象（宋则行、樊亢，1998）。从1979年开始，资本主义世界又爆发了新的经济危机。1979年美国物价上涨率高达13.3%，1982年美国企业倒闭率达0.89%，接近于20世纪30年代危机时期的1%，到12月美国失业人数高达1220万人。在这种背景下，企业的情况不佳，因此，他们希望聘请收费较低的会计公司，以求节省审计费用。到后来，上市公司纷纷开始通过竞标的方式来选择最佳的审计师。

另外，20世纪70年代，美国联邦贸易委员会为了解除“八大”会计师事务所对审计市场的潜在垄断，下令会计职业界修改职业道德章程，允许事务所进行广告宣传并鼓励事务所之间竞争。于是，审计业务开始沦为高度竞争性的商品，天文数字般的审计收入也随之成为了美好的过去，审计市场上的大客户资源被重新洗牌。

激烈的审计市场竞争的结果就是审计收费大幅度下降①。一些会计公司为了招揽审计业务，甚至采取“低价进入式审计定价策略”（Low-balling）②。1974—1977年，美国会计市场的审计公费每年下降1.365%；1977—1981年，审计公费每年下降3.908%（廖洪、白华，2001）。与此同时，事务所规模的扩大也带来螺旋式上涨的管理费，会计师事务所面临强大的成本压力。会计师事务所是一种逐利性组织，作为理性的经济人，它也要考虑成本效益原则。为了能在审计市场上保持自己的一席之地，必须增加收益或是降低成本、提高效率，在审计收费空间很小的情况下，降

① 马克·史蒂文斯在畅销书《六大》中犀利地勾画了世界审计巨头们在争夺业务的过程中尔虞我诈、谄媚奉迎的嘴脸：在位的审计师坚守堡垒，丝毫不让半步；挑战者们则尽力发挥他们的天才演技，制作耗资巨大的视频节目，精心编写标书，突破招标者为他们设置的重重障碍。不过最管用的手法还是压低审计收费。据史蒂文斯披露，安达信曾在一次竞标过程中把前任审计师的年度收费一下子砍掉了近百万美元而最终“抱得美人归”。具体参见黄世忠等．会计舞弊之反思［M］．大连：东北财经大学出版社，2004。

② “低价进入式审计定价策略”，是指将最初几年的审计费设定为低于其成本，它们期望通过较长的审计合约来弥补此前的损失。美国参议院的司法委员会、SEC以及AICPA均对此公开提出批评，他们担心这种收费模式会损害注册会计师的独立性，降低审计质量。

低成本是有效的途径，而决定审计成本高低的关键因素在于审计方法。

重要性审计程序对成本降低的贡献主要来自审计计划阶段，重要性审计程序与审计抽样技术的融合成为现代审计技术的核心部分。由于审计结论和审计意见都是根据样本作出的，样本是否能代表总体，直接关系审计风险和审计质量，也直接影响审计成本的高低。因此，如何根据重要性审计程序水平和检查风险的量化数量选择样本和确定样本量规模，成为现代审计技术的核心部分，也决定了审计成本的高低。

二、重要性审计程序研究的理论基础

不同的学者采用不同的理论解释重要性审计程序，这些理论主要有信息经济学的信息不对称理论、博弈论、西蒙的有限理性理论、认知心理学的启发式认知偏误、管理心理学有关个体心理过程与个性的理论与现代决策理论。

（一）信息经济学的信息不对称理论

信息理论者认为，之所以需要审计，是因为审计的结果可以使信息更加可靠，减少经营者和投资者之间潜在的信息不对称现象，使市场更具效率。审计的本质在于增加财务信息的价值，即提高财务信息对信息使用者决策的有用程度。

持此理论的人认为，资本市场的参与者面临着信息不对称，即参与经济活动的经济当事人拥有不同信息的情况，通常卖方掌握的信息比买方掌握的信息要多。一般说来，信息不对称分为两种：一种是事前信息不对称，另一种是事后信息不对称。

1. 事前信息不对称

事前信息不对称导致了“逆向选择”的出现，造成了市场失灵。逆向选择产生的原因是委托人在签订契约以前不知道代理人的类型（道德是好还是坏，能力是高还是低）。

外部投资者在购买公司股票之前存在信息不对称。例如，外部投资者对反映公司价值的信息——公司管理人员的能力等情况不十分了解。如果股东无法区分经理的能力高低，那么有能力的经理就难以获得与其能力相称的报酬，他们可能退出经理人市场，最终的结果是公司难以雇用到高水平的人才。针对事前的信息不对称，需要解决的问题是双方在签约前如何获得有用的信息。通过市场发生传递产品质量信息的信号有助于解决逆向选择问题。比如，委托人可通过调查经理以前所在公司的经营业绩来衡量经理的能力高低，取得有关代理人能力的更多信息；经理人可主动向委托人提供自己从前良好的经营能力的证明信息等。

2. 事后信息不对称

事后信息不对称引发的“道德风险”问题也会造成市场失灵。当契约签订以后，委托人无法观察到（或者虽然观察到但成本太高）代理人的行动时，事后的信息不对称就可能会产生道德风险问题。

类似的，外部投资者在购买公司股票的时候相信公司会有效率地使用资金，而实际上公司在资金到手后，经理却可能出现工作不求有功，但求无过，害怕承担风险，或者懒惰等情况；甚至经理有可能以权谋私，侵吞公司的资产等。但外部投资者对公司管理人员的行为却不知情。为解决这种问题，委托人可以设计一个最优的激励机制方案，诱使代理人选择委托人所希望的行为。比如，股东可以将经理的薪酬与公司的赢利挂钩或者给予经理一定的股票购买权，以促进经理努力工作、提高公司的赢利能力，进而使代理人的目标与委托人的目标尽量保持一致。

信息不对称理论阐明了重要性审计程序研究的客观基础：会计信息的信息差（谢盛纹，2007）。若将会计信息不分详略主次提供给信息使用者，一方面会造成信息过载，影响会计信息使用者的决策；另一方面，与过少的信息一样，过多的信息也会产生误导。因为陈报的信息过多，真正相关的项目就可能被掩盖，冗长而又充斥诸多无关紧要细节的信息就会影响对其他信息的理解。重要性审计程序可被认为是审计师对被审计单位在处理大量会计信息无能为力时所设定的一个取舍条件，通过运用重要性审计程序可降低信息不对称发生的概率，缩小信息使用差，以满足信息使用者的需要。

（二）博弈论

博弈论（Game Theory），又称对策论、游戏理论或策略运筹学。博弈即一些人、队组或其他组织，面对一定的经济条件，在一定的规则下，同时或先后，一次或多次，从各自允许选择的行为或策略中进行选择并加以实施，并从中各自取得结果的过程（谢炽予，1999）。

在博弈论中，有几个基本概念，分别是参与人、行为、支付（效用）和结果。参与人是指博弈中独立决策、独立承担结果的主体，既可以是自然人，也可以是组织。行为是指参与人在博弈的某个时点的全部策略或行为集合，可能是可选择的方法、做法，也可能是经济活动的水平量值。在不同的博弈中行为的可选择会有所不同。支付或效用，也可以说是博弈方的得益，博弈各方每一组可能的行为选择都会有一结果，或者是损失或者是收益，这就是所说的支付或效用。支付既可以是正值，也可以是负值。结果是博弈分析者感兴趣的要素组合。

重要性审计程序判断的核心实质上是审计师与被审计单位之间的博弈。被审计单位管理层总是力求从有利于自己的方面表现其财务状况和经营成果，在其实现过程难免存在虚假信息。审计师作为信息可靠性的合理保证人，则希望能够对被审计单位的信息作出正确判断，为投资者和债权人提供可靠的信息，获得良好的经济收益及社会声誉。在重要性审计程序判断的博弈中，被审计单位拥有信息上的优势，而审计师处于信息上的劣势，该博弈是一个不完全信息的动态博弈。

（三）西蒙的有限理性理论

西蒙（Simon）的管理理论关注的焦点是人的社会行为的理性方面与非理性方面的界线，它是关于意向理论和有限理论的一种独特理论——是那些因缺乏寻找最优的才智而转向寻求满意的人类行为的理论。

西蒙在他的《人类的认知——思维的信息加工理论》中讲到思维过程

表现为一种串行处理和搜索状态（同一时间考虑的问题是有限的），从而限制了人们的注意广度（选择性注意）以及知识和信息获得的速度和存量。与此相适应，注意广度和知识范围的限度又引起价值偏见和目标认同，而价值偏见和目标认同反过来又限制人们的注意广度和知识信息的获得。因此，西蒙认为：有关决策的合理性理论必须考虑人的基本生理限制以及由此而引起的认知限制、动机限制及其相互影响。从而所探讨的应当是有限的理性，而不是全知全能的理性；应当是过程合理性，而不是本质合理性；所考虑的人类选择机制应当是有限理性的适当机制，而不是完全理性的最优机制；而决策的结果应当是满意的结果而不是尽善尽美的结果。

西蒙所阐述的有限理性来源于两个方面：即系统的固有不确定性和行为人心理资源的稀缺。有限理性的外部根源是非线性系统固有的不可预知性，有限理性的内部根源是行为人心理资源的稀缺，即行为人在信息获取、评估和处理方面的能力有限。这两个方面的辩证关系恰好阐明了在研究重要性审计程序判断行为之前首先要强调的一个分析前提：研究会计信息系统和审计师之间的关系是需要在有限理性的前提下进行的。这就是我们常常可观察到的情景：审计师面临的许多审计客户内外部治理环境、内部控制优劣、会计业务的复杂性是没有在相似的经济环境中出现的，往往职业判断是必需的，然而，审计技术是不完美的、审计师获取的信息是有限的、处理能力是有限的、对于经验的运用和记忆也都是有限的。所以，有限理性假设是重要性审计程序判断行为和能力分析的前提和基础。

（四）认知心理学的启发式认知偏误

认知心理经济学是行为会计理论的基础，它主要揭示人的认知世界的差异性、原因以及认知与行为的关系。职业判断是一个决策的过程，而决策往往又取决于决策主体的认知。所以，要研究职业判断及其行为，认知心理学是一个重要的理论基础。

Kahneman，Slavic 和 Tversky（1982）认为，人们在不确定条件下，会

关注一个事物与另一个事物的相似性，并以其来推断它们间的相互关系。认知心理学家把这种推断过程称之为代表性启发法。人们运用代表性启发判断问题时存在这样的认知倾向：喜欢把事物分为典型的几个类别，然后，在对事件进行概率估计时，过分强调这种典型类别的重要性，而不顾有关其他潜在的可能性的证据。在处理简单决策时，这种推断上的捷径是有效的，但在进行较为复杂的决策时，这种推断有时可能会产生严重的认知偏差，这就是代表性启发式偏差。例如，Kahneman 与 Tversky 在一个著名的实验中发现，如果被试者事先知道某一给定时间内在某大医院诞生的婴儿有 60% 是男孩，他就会据此推断另外一家小医院内的情况也必定相同。但这一结论的统计含义是很弱的，仅仅根据大医院的数据是无法对小医院的情况做出正确判断的，这样的经验判断习惯实际上违背了统计学上的“大数定理”。所谓“大数定理”，是指当分析样本接近于总体时，样本中某事件发生的概率将渐进等同于总体概率。“小数法则偏差”，是指由于人们将小样本中某事件的概率分布看成是总体分布而产生的推测上的偏差。Kahneman 和 Tversky 在 1971 年指出，这种偏差实际上是由于忽略了先验概率而导致的对事件概率的判断失误，其根本原因在于夸大了小样本对总体的代表性，与此相对应的是对大样本代表性的低估。这种偏差使得任何智力正常、教养良好的人都一贯地做着错误的判断和决策。

认知偏差的第二种表现形式是可得性偏差，是指由于人受记忆能力或知识水平的制约，并不能对所有必须考虑的信息都能做出正确的评估，他们只能利用自己熟悉或能够想象得到的信息来进行知觉推断，这种只利用部分信息进行抉择的结果赋予那些易见的、容易记起的信息以过大的比重，从而导致在实际推断时出现偏差。例如，Kahneman 和 Tversky 在实验中发现，如果被试者私下里听人提起生活中的某个人曾经被犯罪分子侵犯，尽管他们可以接触到更全面、更具体的统计数据，但仍会高估其所在城市的暴力犯罪率。认知心理学的发现告诉我们，相对于一些不太熟悉的信息，熟悉的信息更容易给人们留下深刻的印象，同时会被认为是更真实和更相关的。因此，信息的熟悉性或可得性往往会成为准确性和相关性的替代品。例如，某些信息被媒体多次重复地报道，使得这些信息可以轻而易举地被人们获得，不管事实上这些信息的真实性如何，人们都会错误地认为这些信息比其他信息更准确。

认知偏差的第三种表现形式是框定偏差。“框定”是指被用来描述决策问题的事物的形式，不同框定会导致不同决策结果而不管问题的本质如何，这就是所谓的“框定依赖”。由框定依赖导致认知与判断的偏差即为“框定偏差”。Kahneman 和 Tversky（1981）的“亚洲病问题”已成为众所周知的经典实验，说明问题的不同表述方式（不同框定）对决策的影响。他们发现，这种对于理性认识的背离是经常出现的。这是智力正常、教养良好的人都一贯地做着错误的判断和决策的另一重要原因，也是会计职业判断主体所没有意识到的系统性偏误导向，是特定会计主体出现系统性会计信息质量不高的重要原因之一，因为个人的“框定依赖”是一种稳定的心理定式。

从认知心理学的角度看，重要性审计程序判断过程就是一个信息加工过程，这一过程主要包括四个阶段：信息获取、信息加工、信息输出和信息反馈。在判断过程中，审计师首先要获得信息；其次，运用个人的职业判断能力对获得的信息进行加工；再次，输出经过加工的信息或结果，信息输出后会产生一定的判断行为；最后，由行为导致的后果再反馈给做出判断的审计师。

在上述各阶段中，审计人员都可能出现判断偏误，而偏误可以是因为判断主体出现了某一种的认知偏差，也有可能是两者兼而有之。判断偏误是不可能避免的，也是重要性审计程序判断质量饱受争议的重要原因之一。

（五）管理心理学有关个体心理过程与个性心理的理论

管理心理学是以人为中心，研究组织（或企业）管理过程中人们的心理现象及其变化规律的学科，是为管理活动服务的一门应用心理学科（张克昕，张凤林等，1998）。具体来说，管理心理学主要研究人的个体心理、群体心理、组织心理、领导心理及其行为的特点和规律。从心理学角度看管理，实际上是由一个或一部分人来协调其他人的心理活动和行为倾向，以收到个人单独活动所不能达到的效果。

人的任何行为都有其内在机制，重要性审计程序判断行为也不例外。这种机制除了生理机制外，主要就是心理机制。一方面，职业判断行为是在一定的心理思维活动指导下进行的，是心理活动的外在表现，而判断思维活动则是心理结构中决定判断行为质量的关键。因而，在研究重要性审计程序判断行为时，就必须探索个体行为的内在心理机制。同时，心理是行为的内在表现，是调节控制行为的内部过程。判断思维活动作为一种内隐变量，也只有通过重要性审计程序判断行为来加以衡量和表现。另一方面，从管理心理学的角度来看，重要性审计程序判断行为不仅仅是一种艺术行为，在很多情况下，它更是需要得到有效的引导和协调才能展现出它的价值，它不单是一种个人心理行为，同时也受到团队风格的影响。这在会计师事务所机构健全、审计师多且素质参差不齐时表现得尤为突出。

因而，管理心理学中有关个体心理过程与个性心理的理论，以及群体心理和组织心理的相关理论也是本文研究理论基础之一。

（六）现代决策理论

现代决策理论将决策分为程序化决策和非程序化决策。程序化决策技术的心理基础是人的思维定式，即一种内化了的习惯。非程序化决策技术的心理基础是人的直觉思维。

在程序化决策过程中，定式是帮助符合目的的行动方式持续下去的重要途径，具有“从有意识地进行选择的范围内排除情况反复”的作用。这是因为人的心理具有一种对所接纳的所有信息进行加工调整，产生积淀进而系统化的自我组织功能。这种功能可以进一步解释为，在接受外部刺激的过程中，人的心理不断矫正估计模式，又通过概括和简约，形成特定的简化模型。因此，当相似的情境出现时，反应便以这种简化模型为中介实现。所以，定式本身是一种整合活动。定式在程序化决策的现代技术中利用计算机进行模拟，是认知心理学对现代决策理论的一个重要贡献，它使过去属于职员工作范围的许多常规的程序化决策和数据处理实现了高度的自动化。

非程序化决策在现代决策理论中，是被关注的焦点。人们在进行非程序化决策时，通常采用的传统技术是判断。当进行一个极大难题的非程序化决策时，通常需要决策者发挥创造性，但这些技术的心理过程至今很少为人们所了解。现代决策理论家们对于直觉决策给予了大量的关注，早在20世纪30年代，巴纳德指出了这种“非逻辑”（直觉）决策的意义。直觉来自于经验。经验，在认知心理学中叫做图式。图式在人的直观决策中有两种作用：第一，图式是一种信息接收系统，环境中的信息只有与个体具有的图式发生联系时，才具有意义。在这种情况下，人类对外部信息的抉择，取决于人们已有的知识经验。第二，图式提供了从环境中提取信息的计划，也就是说，当某种图式被激活后，人们可预测环境中某种信息的出现并积极探索所需要的信息。

程序化决策主要用来解决结构良好的问题，非程序化决策主要用来解决结构不良的问题。所谓结构良好的问题是指那些直观的、熟悉何以确定的问题。而结构不良好的问题是指那些新的或者是不同寻常的、有关问题的信息含糊或者不完整的问题。应用现代决策理论对重要性审计程序判断问题进行研究时，应将被审计事项按结构化程度进行分类，然后，根据被审计事项结构化程度的不同而决定采用不同的方法进行判断，并分析不同的问题是如何影响重要性审计程序判断质量的。同时，现代决策理论中的“非程序化决策理论”为我们研究审计师的重要性判断提供了一个有效的参考路径。

第三节　本章小结

本章结合审计模式的演进，对重要性审计程序的产生与发展进行了历史研究，认为账项导向审计阶段是重要性审计程序的萌芽和初步发展阶段，19世纪80年代重要性概念在英国《公司法》中的表述，可以说是重要性审计程序的萌芽；在制度导向审计阶段，重要性在审计准则中的地位正式确立，重要性成为审计理论体系的核心概念，但未有专门的规范重要性的审计准则；在风险导向审计阶段，重要性审计程序成为风险评估的核心概念，并逐渐成为指导审计师风险导向审计的核心理念。

重要性审计程序快速发展的实务背景在于三个方面：审计结论允许存在一定的错报与误差，会计师事务所面临的成本压力，日益扩大的审计期望差导致的诉讼爆炸和政府管制威胁等。此外，本章还从总体上介绍了研究重要性审计程序的理论基础：信息经济学的信息不对称理论、博弈论、有限理性理论、认知心理学的启发式认知偏误、管理心理学有关个体心理过程与个性的理论及现代决策理论。

第三章　重要性审计程序基本理论研究

基本理论和基本概念是进行研究的起点。本章将阐述重要性审计程序的目标，分析重要性审计程序的内涵与本质，以及与会计重要性、法律重要性之间的关系；剖析影响重要性审计程序的数量标准与性质标准，分析重要性审计程序的本质。

第一节　重要性审计程序的目标：用户需求观与投资者保护观

任何研究都要以确定目标为其出发点。同样对于重要性审计程序理论，明确重要性审计程序的目标是研究重要性审计程序的出发点和归宿。重要性审计程序的目标有以下两种观点：用户需求观和投资者保护观。

一、重要性审计程序的用户需求观

用户需求观（User Needs Perspective），认为会计信息质量是由会计信息对信息使用者的有用性决定的，要求财务报告向用户提供与其决策有用的信息。用户需求观认为重要性审计程序的判定中信息使用者的对象不仅包括依据财务报表进行投资决策的投资者，还包括政府行业监管部门、法律法规部门、债权人、财务分析师等其他信息使用者。针对理性使用者导向与投资者导向的区别，O'Connor 和 Collins（1974）把它们归纳为形成背景、关注焦点、所占立场及代表的利益集团、评价标准、披露的具体要求有所不同等五大方面。

对错报以不影响“理性使用者的经济决策”作为重要性审计程序判断的依据，而不单纯强调对“投资者导向”，实质是将重要性作为一种信息筛选标准时，审计师合理保证披露会计信息（审计信息）的质量是由信息使用者的有用性来决定的，这是一种决策有用观。美国财务会计准则委员会（FASB）1975年第二号财务会计概念公告中的重要性概念即是一种信息使用者导向的概念，认为“根据其周围所处的环境，财务报告中漏报或错报的项目，如果其大小到这样的程度：包含或纠正该项目将很可能会改变或者影响一个依赖于该报告的有理性的人的判断，那么它就是重要的”[①]。

二、重要性审计程序的投资者保护观

投资者保护观（Shareholder/Investor Protection Perspective），以对“投资者的保护”为目标，将经过审计后的财务报表中可能存在的错报以不影响投资者的经济决策作为重要性审计程序判断的标准[②]。我们注意到早期的重要性审计程序概念基本上都立足于投资者保护观，如1895年戴维委员会以错报是否影响“一位谨慎投资者（a Prudent Investor）的判断”；1957年美国会计学会以是否影响“信息灵通的投资者（Informed Investor）的决策”（William Holmes，1972）；莫茨和夏拉夫（1961）在其经典文献《审计理论结构》也是以重要性是否影响“投资者的决策”作为评价标准的。

投资者保护观的重要性审计程序概念实际上是受到了英美国家一些特定的法庭判例及公司证券法的影响。关于这些判例、法律如何影响和界定重要性标准，我们将在下文中详细介绍。重要性出现在审计领域的最初动机是受到英美法律条款中重要性概念的影响，立足点是投资者的保护，指导审计师用于规避显而易见的法律重要性边界以及由此可能带来的法律风险。审计师运用重要性概念亦是出于风险规避自然状态的一种无意识的理性选择，开始

① 以FASB第二号财务会计公告中的重要性概念为例，是因为在其后的各国审计准则体系在制定重要性准则时广泛借鉴了该概念。

② 就法庭对重要性判断的过程来说，审视投资者与投资类型是这一过程的逻辑起点。但在对投资者的认识上，不同案例中也存在一定差异，有时将投资者视为一般谨慎投资者，有时又将投资者视同一般意义上的经济人。具体请参阅 JENNINGS M M，RECKER P M. A Source of Insecurity：a Discussion and an Empirical Examination of Standards of Disclosure and Levels of Materiality in Financial Statements［J］. The Journal of Corporation Law. 1985 Spring：640－688.

时仅用于评价审计结果对投资者的影响可能造成的经济后果。审计师继而发现，若将重要性概念向前延伸，将审计资源分配于重大错报，而忽略一些小额的、无关紧要的错报，能实现审计资源的经济分配，灵活应对迅速上升的审计成本压力，合理实现审计目标，同时不违背维护投资者利益的初衷。

但实际上，立足于“投资者保护”对重要性审计程序实务却是困难重重。首先，不同投资者对重要性秉持不同观点；其次，审计师对判别何种会计信息影响投资者经济决策的了解有限。因此，相关准则制定机构在制订重要性准则时，逐渐开始将重要性目标的定位以用户需求观替代投资者保护观，这种定位无疑更符合审计师的实际执业能力。

三、用户需求观与投资者保护观的比较

通过比较用户需求观与投资者保护观，会发现这两类评价观的目标并不一定相互排斥，在许多方面它们是相互支持的。重要性审计程序判断的目标秉持“用户需求观”或“投资者保护观”，这两者从根本上说是一致的。因为在资本市场中，最主要的信息使用者，就是股东即投资人，审计师作为股东的受托责任人，所谓保护他们的利益，最主要的就是向他们提供高质量的、有助于投资决策的信息，剔除可能影响其投资决策的错误信息、不重要性信息。所以一定程度上投资者的利益可以通过提供有用的会计信息理性地改变决策来得到保护；会计信息在保护投资者的过程中会影响投资者的行为，从而实现决策有用性。

虽然用户需求观和投资者保护观在根本上是一致的，但两者各有侧重，仍然存在一些差别。审计准则制定机构对审计结果以用户需求观为导向，首要关注会计准则的质量，并合理保证财务报表的公允表达，所以用户需求观强调的是遵循审计准则后所生成的审计质量目标。审计师通过对会计信息的评价来发表适当的审计意见。而市场监管机构以投资者保护为导向，其监管使命是保护投资者的利益，维护资本市场的运行秩序，促进资源的优化配置。所以，投资者保护观关注的是最终呈现在使用者面前的审计信息质量。可见，用户需求观与投资者保护观所包含的审计范围以及

评价标准是不相同的。投资者保护观所要求的会计（审计）信息质量远比决策有用性要高得多，是对用户需求观的进一步演化。

但重要性审计程序判断的难点在于，审计师需要替代会计信息使用者进行重要性判断，而不同的会计信息使用者对信息的需求很可能是不一致的。20 世纪 70 年代美国就曾出现过“使用者指向的审计”议论，其主要内容是审计师应该积极地为利害关系人提供有用的审计信息（谢少敏，2006）。而重要性审计程序恰恰是一种典型的信息披露以满足“使用者需要”为目标构建的概念。正如 Cohen 委员会所评价的，“对审计师的期待是评价所披露的信息以及判断必要的信息是否已得到充分披露，以便财务报表使用者对不确定的事项给出自己的判断”。Cohen 委员会继而认为，“以使用者为指向的审计，可能会引起财务报表使用者产生混乱，甚至可能诱发错误的期待”（谢少敏，2006）。

在信息使用者问题上的尴尬认识，在很大程度上弱化了重要性审计程序判断结果的一致性（谢盛纹，2007）。这一点已为国际审计与鉴证委员会（IAASB）最新的重要性征求意见稿所认识，其明确表明审计师的重要性应基于使用者群体对财务报表的一般需求来考虑，而不是考虑具体使用者，因为具体使用者的需求是因人而异的。另外该征求意见稿还进一步明确审计师对信息使用者作出以下假设是合理的：①对企业经营活动和会计有合理的认识和了解，愿意合理谨慎地研究财务报表中的信息；②了解财务报表的编制与审计是以重要性水平完成的；③能认识到对未来事项的计量存在固有不确定性；④能够基于财务报表中的信息作出理性的经济决策（IAASB，2006）。

第二节　重要性审计程序的内涵

一、重要性审计程序的字面含义

有关重要的定义，较常见的是美国《韦氏大词典》[①] 所作的阐释：“有

① 韦氏大词典网站：http：//www. merriam - webster. com/dictionary/.

真实重大（importance）或巨大后果”。重要性是重要的名词化，该词典将其解释为：“成为重要的性质或状态”。而《现代汉语词典》① 则认为，“重要是指具有重大的意义、作用和影响的状态或性质。性是指物质所具有的性能，物质因含有某种成分而产生的性质”。

由此可见，重要性表达的是人们对人、事或物的某一个表象的主观感受的相对程度。相对是指重要性是会随着环境状况和对象而异的一种动态概念。而程度是指其变动的幅度是平滑连续不断且模糊的。重要性的固有特性是主观的、相对的、模糊的且具有沟通性质的。

二、重要性审计程序的概念

（一）国外的观点

重要性概念在20世纪初就已经开始零星地出现在审计学著作中，五六十年代重要性审计程序更是通过与内部控制制度、抽样审计技术的紧密结合，极大地促进了审计效率的提高。也就是从这段时期起，开始大量出现了针对重要性审计程序的研究。随后的审计风险模型的出现更是将重要性审计程序视为风险控制的核心，几十年来关于重要性审计程序的研究从未停止过。而学者及机构对是否提出单独的重要性审计程序概念的争议，几十年来也从未间断过。

在莫茨和夏拉夫的经典著作《审计理论结构》中，莫茨和夏拉夫并没有直接对重要性审计程序进行定义，而是引用了1957年会计概念和准则委员会（Committee on Accounting Concepts and Standards）的会计重要性定义，即：某项目的重要性可能取决于它的金额大小、性质或者两者兼而有之。如果有理由足以相信，了解该项目将会影响到投资者的决策，那么，这个项目就应视为重要的（莫茨和夏拉夫，1991）。

1980年美国财务会计准则委员会（FASB）的第二号财务会计概念公

① 中国社会科学院语言研究所．现代汉语词典［M］．北京：商务印书馆，1979.

告《会计信息质量特征》中这样描述重要性概念，即：根据其周围所处的环境，财务报表中漏报或错报的项目，如果其大小到这样的程度——包含或者纠正该项目将很可能改变或者影响一个依赖于该报告的有理性的人的判断，那么它就是重要的。该概念影响深远，被众多审计学者引用，如Messier于1983年和2006年的两篇对重要性审计程序问题的综述性文献中都引用了该概念①，Arens的系列审计学教材中也一直引用该概念。很少有学者提出单独的审计领域的重要性概念。

在审计准则制订方面，在1983年美国注册会计师协会（AICPA）第一部关于重要性审计程序的准则SAS No. 47《审计业务中的审计风险与重要性》中，采用的是FASB第二号会计概念公告中的重要性概念，这里不作详述。而2007年AICPA发布的SAS No. 107《审计业务中的审计风险与重要性》再一次提及该概念，仍没有发生新的变动。

国际审计实务委员会（IAPC）1987年10月发布的IAG25《重要性和审计风险》直接对重要性进行了定义："重要性审计程序涉及财务资料误报（包括漏报）的数量和性质，不论是个别的还是合计的，根据周围的环境，作为这种误报的结果，将会对人们依据这些资料做出尽可能合理的判断或决策产生影响。"IAPC并没有对重要性审计程序概念进行更多的说明。1991年IAPC② 对审计准则体系进行调整，在重新编制及修订的《IAS320重要性审计程序》中，强调重要性概念与1989年7月国际会计准则委员会（IASC）在《编制与呈报财务报表的框架》中的重要性概念是一致的，即"如果信息的错报或漏报会影响财务报表使用者的经济决策，

① 1982年Messier与Holstrum共同发表了首篇关于重要性的综述性文章*A Review and Integration of Empirical Research on Materiality*，2005年，Messier又与Bennie和Eilifsen再次发表了关于重要性的综述性文章*A Review and Integration of Empirical Research on Materiality：Two Decades Later*，对首篇文章发表20多年以来重要性审计程序的研究进行了回顾及评价。

② 1991年7月10日以后，IAPC将"国际审计指南（International Audit Guideline，IAG）"改名为"国际审计准则（International Standards on Auditing，IAS）"。1994年7月"IAG25审计风险和重要性"变为审计准则"IAS320重要性审计程序"。参阅刘明辉．独立审计准则研究［M］．大连：东北财经大学出版社，1997.

该信息是重大的。重要性取决于在发生漏报或错报的特定环境下所判断的项目或错误的大小。”随着审计风险系列准则的发布，国际审计与鉴证准则理事会（IAASB）[①] 对 ISA320 做出相应的修订。在 2008 年手册中，仍然强调与国际会计准则理事会（IASB）在《编制与呈报财务报表的框架》中会计重要性概念的一致性，即“如果信息的错报或漏报会影响财务报表使用者的经济决策，该信息是重大的。重要性取决于在发生漏报或错报的特定环境下所判断的项目或错误的大小。重要性为会计信息质量提供了一个门槛或截止点，重要性并非信息有用性的主要质量特征。”

（二）国内的观点

国内对重要性审计程序的研究起步较晚，与国外情况类似，很少有学者提出单独的重要性审计程序概念，因此，我们将只分别介绍财政部、审计署、中国内部审计协会颁布的相关审计准则中的重要性概念：

财政部 1995 年发布的《独立审计具体准则第 10 号——重要性审计程序》中将其定义为：“重要性是指被审计单位会计报表中错报或漏报的严重程度，这一程度在特定环境下可能影响会计报表使用者的判断或决策。”而财政部 2006 年 2 月发布的《中国注册会计师审计准则第 1221 号——重要性》则指出：“重要性取决于在具体环境下对错报金额和性质的判断。如果一项错报单独或连同其他错报可能影响财务报表使用者依据财务报表作出的经济决策，则该项错报是重大的。”可以看出，我国新旧重要性准则中的定义是与 ISA320 完全趋同的。

审计署在 2003 年 12 月发布的审计署令第 5 号中包含了《审计机关重要性审计程序与审计风险评价准则》。在该准则中，重要性审计程序是指被审计单位财政收支、财务收支及相关会计信息错弊的严重程度，该错弊未被揭露足以影响信息使用者的判断或决策以及审计目标的实现。

---

① 2000 年 5 月，通过 IASC 基金会章程的安排，改组后的 IASC 的新机构及国际会计准则理事会（简称 IASB）相继成立。2002 年 6 月，IAPC 改组为国际审计与鉴证准则理事会（简称 IAASB），后者成为国际审计准则的制定机构。

中国内部审计协会在 2005 年 3 月发布的《内部审计具体准则第 17 号——重要性与审计风险》中规定："重要性，是指被审计单位经营活动及内部控制中存在偏离特定目标的差异或缺陷的严重程度，这一程度的差异或缺陷在特定情况下可能会影响管理层的判断或决策以及组织目标的实现。"

（三）对相关定义的分析

理解以上定义，我们需要注意几点：

（1）是否建立适应单独审计环境的重要性概念一直是争议的焦点

重要性审计程序概念的模糊性一直饱受诟病。重要性概念的原初寓意是：如果错报（漏报）影响了财务报表使用者的经济决策，这种错报（漏报）就是重大的。字面意义的易理解并不代表实务中的易操作。简单地说，在信息使用者对错报的重大程度忍受不均匀的情境中，试图确定统一量化的重要性标准以指导审计师的执业过程，几乎是不可行的。

从准则的发展我们也可以看出，最初美国 AICPA 的 SAS No. 107《审计业务中的审计风险与重要性》，以及国际审计准则最初的 IAG25《重要性和审计风险》，实际上都回避提出清晰的重要性审计程序概念，也没有提供相应的重要性指南。而最新的准则无论是美国 AICPA 的 SAS No. 107，还是 IAASB 的 ISA320 和 ISA450，虽然对重要性审计程序的程序提出了更具实质的改进，审计准则制定机构仍没有直接对适应审计环境的重要性概念进行单独定义。虽然 IAASB 曾在其征求意见稿中表达了对是否应建立更适应审计环境的重要性概念的犹豫不决的心情，但 IAASB 并不否认重要性审计程序概念与会计重要性概念的一致性。截至目前，重要性概念是具有会计与审计领域的二元属性概念，两者并无差别。这也从侧面反映审计准则制定机构目前尚未能制定出更理想的重要性审计程序概念来替代现有的概念。

（2）重要性审计程序的主观确定服从客观需要是重要性审计程序缺乏统一标准的根源

在现代风险导向审计中，审计师通过审计抽样技术和审计证据的选择控制审计风险，运用重要性概念评价审计剩余风险，以发表适当的审计意见，为会计信息使用者的决策提供有益信息。这种风险控制模式，是审计师凭借审计经验，客观确定重要性审计程序而提供一种适当的也就是合理的保证。重要性审计程序判断的结果本身就是一个主观判断的结果，没有一个客观的标准。这本身与审计程序的可选择性以及职业判断的灵活性是相关的。对于同一个事项和交易，审计师在不同的时间和空间都可能产生不同的结果，可能存在偏差。因此，当审计师进行重要性审计程序判断时，就报告主体的财务报表是否公允地表达了该主体的财务状况和经营业绩发表意见时，在很大程度上依赖于审计师主观上的职业判断，是不可能通过数学公式来定量表达的。

另外，重要性审计程序判断的结果是以是否影响"理性使用者"的决策作为评价依据。重要性概念拘泥于错报对理性使用者的影响程度上，重要性的使用几乎完全取决于审计师的职业判断能力。正是由于重要性概念的这种固有缺陷，使得重要性审计程序的判断不具备可重复性，不同审计师重要性判断的结果可能很不相同。

（3）各个准则定义之间已经趋于一致，但注册会计师审计、内部审计、政府审计三者之间由于职能不同仍存在一定差异

注册会计师审计主要业务是财务审计，其分析对象是财务报表信息错报的严重程度，最终落脚点还是财务信息的评价。内部审计由于所处的位置不同，已经逐渐从财务审计中解放出来。现代内部审计重心在管理审计，其分析与比较信息以帮助组织内各成员有效履行其责任，信息使用者对象不同导致对信息的质量要求不同，这是内部审计运用重要性概念不同于注册会计师审计的重要特征之一。

就政府审计而言，审计内容不仅有企事业单位的财务收支，还有政府部门的财政收支。近年来绩效审计也逐渐开展，因此在绩效评价中还会涉及相关经济指标。因此，政府审计中重要性审计程序的分析对象是被审计单位财政收支、财务收支及相关会计信息错弊的严重程度。

三、重要性审计程序与相关概念辨析

（一）重要性审计程序与会计重要性辨析

会计重要性作为一个概念，渗透于财务会计和报告程序的每一个部分。在 FASB 成立之初，重要性就是 FASB 日程上的七个最初问题之一。1975 年，FASB 发行了名为《重要性的确定标准》（*Criteria for Determining Materiality*）的讨论备忘录，在这份讨论备忘录中，FASB 阐述了它的“宏伟目标”——设立重要性标准，通过执行这一标准获得财务报告的一致性。该委员会设立重要性标准的意图是要让这一标准适用于各种环境下的不同项目。根据当时已有的研究成果，FASB 最初对重要性的定义是：“重要性一般被认为是某一事项或其会计处理的披露是否足以使人合理、全面地理解企业的财务报表，或可能影响一个谨慎投资者的行为”①。

但 FASB 的这个目标无疑是很难实现的。举个例子，一摞崭新的纸张是实体的一笔资产。每当有人在一张纸上书写时，部分资产就被消耗了，同时留存收益也相应地减少了。从理论上看，在会计期末可以把实体所拥有纸张中用过的部分统计出来，然后调整期末的资产项目。但这么做显然是不值得的，会计人员采取的是一种简单的，甚至不怎么精确的方法，在买纸或从物料存货中领用纸张时，它们就认为这项资产已经被消耗掉了。

但遗憾的是在事件的重要与不重要之间没有一条明确的界限，做出重要性的认定需要根据主观判断和常识，试图为职业界提供一清晰的重要性标准无疑是徒劳的。所以，FASB 不得不调整其原初设定的目标。1980 年 FASB 更新了对重要性问题的认识，并将其纳入其财务会计理论体系，作为第二号财务会计概念公告——《会计信息质量特征》的一部分。如图 3－1 所示，FASB 归纳的会计信息质量特征的层次体系中，重要性居于“承认质量的起端”，不符合重要性的信息一般就不再进一步考虑

① 在这之前，《科勒会计学大辞典》将重要性定义为：“一个声明、事实或项目所具有的特征的披露……可以影响一个理性人的判断。”

会计信息的主要质量（相关性和可靠性）和次要质量（可比性和一致性）等。该图透露的信息也表明，会计重要性虽然是会计信息质量特征之一，但并非会计信息质量的核心特征。

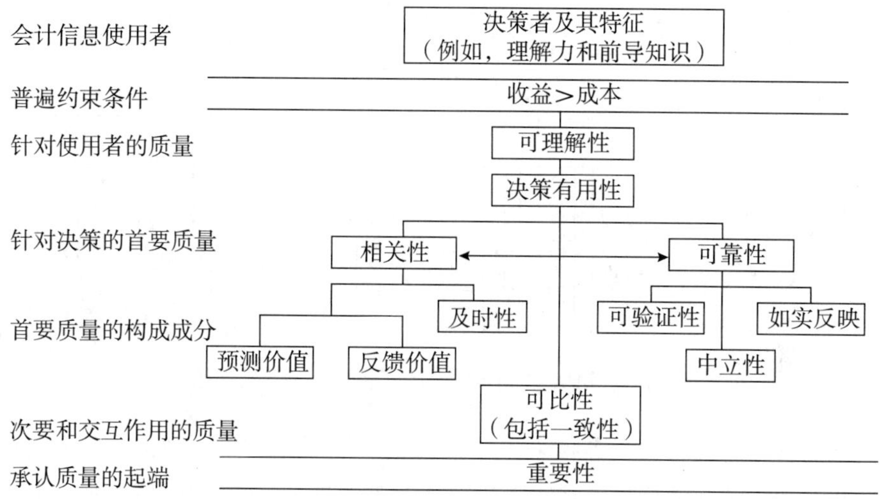

图 3－1 FASB 的会计信息质量层次结构

与 FASB 类似，在 1989 年 IASC 公布的《编制和呈报财务报表的框架》中，也是将重要性作为会计信息首要质量特征的约束条件，其内在关系如图 3－2 所示。在《编制和呈报财务报表的框架》中，IASC 将可理解性、相关性、可靠性和可比性作为四项主要的质量特征，并且这四者处于同一水平线上。相关性与可靠性的约束条件包含重要性。IASC 在这份报告中提出的重要性概念，我们在前文已介绍过，这里不再重复。同样的，IASC 认为重要性是会计信息首要质量特征的约束条件，但并非会计信息的主要质量特征。

我国会计准则也要求企业会计核算必须遵循重要性原则，在 2006 年 2 月财政部发布的《企业会计准则第 30 号——财务报表列报》第 6 条将重要性定义为“重要性，是指财务报表某项目的省略或错报会影响使用者据此作出经济决策的，该项目具有重要性。重要性应当根据企业所处环境，从项目的性质和金额大小两方面予以判断”。该准则还规定，性质或功能

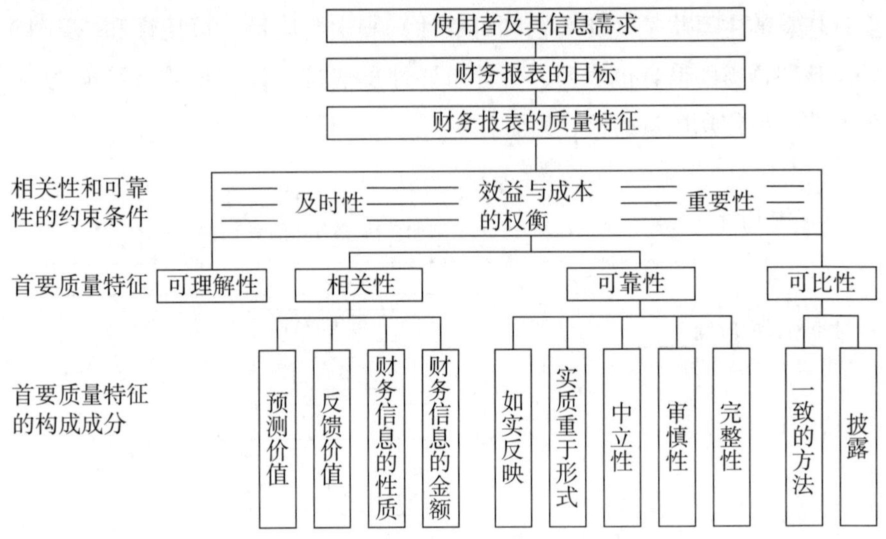

图 3-2　IASC“财务报表的质量特征”层次结构

不同的项目，应当在财务报表中单独列报，但不具有重要性的项目除外。性质或功能类似的项目，其所属类别具有重要性的，应当按其类别在财务报表中单独列报。

由此可见，会计之所以提出重要性概念，一方面是从提供会计信息的成本效益方面考虑。重要性可被认为是特定客户在处理大量数据无能为力时所设定的一个取舍条件。如果对一切会计事项不分轻重主次和繁简详略，采取一视同仁的会计处理方法，必将增加许多不必要的工作量，却不一定能带来额外收益。因此，对于不重要的次要信息，可以简化处理。另一方面，可防止信息过载。将重要的信息和不重要的信息并列起来不分主次，会给报表使用者带来阅读上的不便。同时，与过少的信息一样，过多的信息也会产生误导。因为陈报的信息过多，真正相关的项目就可能被掩盖，冗长而又充斥诸多无关紧要细节的信息，会影响对其他信息的理解，也会影响预测和决策。而重要性是决定会计信息应否提供的关键。通过重要性的限制，才须考虑相关性及可靠性，也才需要单独呈报此项信息，故重要性被称为是“承认质量的起端”或“确认的门槛”（Threshold for Recognition）（汤云为、钱逢胜，1997）。

虽然重要性出现在会计领域先于其在审计领域，但重要性在审计理论中的地位，与其在会计理论的地位相比，是完全不一样的，这也是许多学者提议设立单独的重要性审计程序概念的根源。虽然审计理论未像会计理论那样由权威机构制定公认的会计概念体系，但不少中外学者均将重要性视为审计概念体系的核心构件之一，代表性的观点有以下几种：

Hicks（1958）（转引自财政部会计准则委员会，2007）指出，“重要性概念是那些指导审计师对财务报表进行审验，让审计师准备和应用审计程序的几个最为重要的基础概念之一”。

英国审计学家戴维·弗林特（1988）从审计权威性、审计过程和审计准则三个方面提出审计概念体系。他认为重要性审计程序是审计过程的三个核心概念之一，其他两个概念是审计证据和审计报告。

我国学者张建军（1997）从涉及审计师的概念和涉及审计工作过程的概念提出审计概念体系。他认为重要性审计程序与审计风险、审计证据、合理保证共同构成审计工作过程的核心概念。而重要性审计程序、审计风险、审计证据构成涉及现场工作准则的核心内容，如图 3－3 所示。

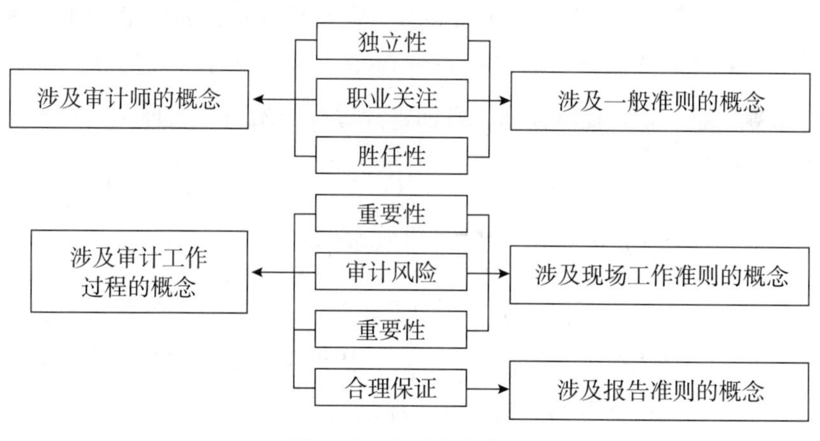

图 3－3　审计概念体系

刘明辉（2006）将审计基本概念体系划分为 4 部分，包括可信性、过程、传输和执行四个类别，如表 3－1 所示。刘明辉将重要性审计程序与审计证据、审计判断、审计风险，共同视作审计过程的具体概念。

表3-1　　　　审计基本概念分类表

<table>
<tr><th>概念分类</th><th>可信性</th><th>过程</th><th>传输</th><th>执行</th></tr>
<tr><td rowspan="4">具体概念</td><td>独立性</td><td>审计证据</td><td>审计报告</td><td>应有的职业关注</td></tr>
<tr><td>胜任能力</td><td>审计判断</td><td>真实与公允</td><td>审计准则</td></tr>
<tr><td rowspan="2">职业道德</td><td>重要性</td><td rowspan="2">沟通</td><td>审计测试</td></tr>
<tr><td>审计风险</td><td>质量控制</td></tr>
</table>

比较以上几种观点，尽管不同学者的审计基本概念构成有所差别，但都将重要性概念视为审计过程概念的核心组成概念。综上，作者认为：①从概念角度来讲，重要性审计程序与会计重要性并无差别，都需要职业人员站在会计信息使用者的角度作出事前判断，都是既要代替会计信息使用者进行重要性判断，又要承担重要性判断不符合信息使用者期望的风险；②从理论地位来讲，会计重要性与重要性审计程序差异很大，会计重要性处于会计信息质量特征的层次体系中，会计重要性居于“承认质量的前端”，并非会计信息质量的主要特征，而重要性审计程序处于审计概念体系的核心领域，通过风险导向审计模型，整合审计抽样技术、审计证据，形成完整的审计逻辑体系，贯彻审计过程的始终，发挥着一种不可替代的统驭作用。

（二）重要性审计程序与法律重要性

美国关于法律重要性的定义最早是出现在1934年《证券交易法》的S-X规则（1-02条款）中，“一个事实，如果正确地表达或披露，会或者可能会阻止普通投资者购买该证券，那么这个事实是重大的。”（Woolsey，1973）。1951年SEC在Rule10b-5（1951年修订）中将“重大事实”表述为：“根据编制报表的环境，使所编制的报表不致产生误导所需要的事实。”其后，SEC在S-X规程（Regulation S-X）中将重要事实定义为“普通谨慎投资者应当被合理地告知的事实”。

20 世纪 80 年代以后，SEC 采用综合信息披露体系，在 S-X 规程（Regulation S-X）中将重要性限定为“一个理性投资者在决定是否购买注册证券时会认为该信息是重要的实质可能性”。SEC 于 1999 年 8 月发布了旨在规范公司财务管理人员与独立审计师判断“重要性”的规则。在 SEC 看来，仅仅因为信息披露低于某个数字标准而认为该不实陈述不具有重要性的做法是不合适的。不实陈述的重要性关系到财务报告的使用者如何看待以及一个正常的人如何认为其重要性的可能，因此在评价一项不实陈述时，给予数量与性质同样的关注是非常重要的，而且证券市场价格对某项披露的波动也可以表明重要性（SAB99）。

同时，在重要性标准的发展与修正过程中，法院的判决起到了重要的推动作用。在证券法颁布后的首例财务欺诈大案——巴克雷斯建筑公司案（1968）中，法官裁定巴克雷斯公司发行债券申请表中的错误披露是否属于“重大”时，认为“每股收益”高估 15.3% 不属于重大错误，营业净利润高估 16.5% 也不算重大错误，但流动资产和由此计算出的流动比率高估 18.8% 属于重大性错误。法官的理由是：与公司股东相比，债券持有人或未来投资者对公司资金流动状况高估的关心更甚于对公司收益的高估的关心，尤其对曾发生过资金流动困难和将面临严重营运资金短缺的公司更是如此。法官在判决中写道，“如果正确地陈述了或透露了事实，将会导致一般的精明的投资者推迟或趋向于推迟本案所购买的证券”（李若山，1998）。1976 年美国最高法院在 TSC 诉 Northway 这一委任文件遗漏事实的经典案例中，对上述标准进行了修正，认为“如果遗漏的事实极有可能被合乎情理的股东认作会左右他行使投票权，则应被认为是重要的”。TSC 案所确定的定义经常被后来的司法判决引用，成为确定虚假记载或遗漏信息是否重大的标准（齐斌，2000）。

法律上确定重要性标准基于以下两个目的：一是不应当给信息披露者施加过分的信息披露负担；二是不应当遗漏投资者做出合理的投资决策所需要的信息。比较重要性审计程序与法律重要性，我们认为：①重要性审计程序需要审计师站在会计信息使用者的角度作出重要性的事前判断，而财务报表的某项或累计错报或漏报是否构成重要性，只有在事后产生争议时通过法庭的认定来完成；②重要性审计程序主要着眼于项目的数量和性质，并要求考虑当时的环境，而法律重要性则很少提及重要性的数量标准，主要依赖于法官根据案件的特殊情况进行判断；③法律对重要性的界定是最为根本的。因为在涉及虚假陈述民事诉讼，法官根据对当时情况的判断而不是根据审计准则的规定来作出判断。实际上，法律对重要性的界定标准具有根本性的影响，在制定审计准则时应考虑法律要求。

第三节　重要性审计程序快速发展的理论与实务背景分析

纵观重要性审计程序的发展史，从 19 世纪末到 20 世纪 60 年代，重要性审计程序的发展是比较缓慢的。然而，从 20 世纪 60 年代至今，重要性审计程序得到了快速发展，包括相关审计准则的制定，种类的多样化，程序的科学化等，这其中的背景何在？笔者认为，以下三个因素对重要性审计程序的发展起到了决定性作用。

一、日益扩大的审计期望差所导致的诉讼爆炸和政府管制威胁

20 世纪 60 年代开始，人类社会向信息社会的发展，信息成为重要的经济资源，因而信息像一切有形商品一样具有商业价值，而提供信息的服务也成了商业服务。同时，20 世纪 60 年代商品市场迅速发育，商品层出不穷，但其中也不乏伪劣商品，损害消费者的利益。为保护消费者的利益，引导商品市场向健康的方向发展、保护消费者利益主义（Consumerism）得以盛行。这些环境的变化使大量依据信息进行决策的投资者、债权人有了保障（周勤业、尤家荣等，1996）。

20 世纪 70 年代，美国发生经济危机，大量公司破产和陷入财务困境，连续爆发的权益基金欺诈、储蓄银行和上市公司破产等重大审计失败案，更是导致了针对注册会计师行业的诉讼浪潮，仅 70 年代中期就发生了数以

百计控告注册会计师的案件，到八九十年代，这种诉讼案更呈几何级数上升。注册会计师已陷入公共及私有财务资源经管责任的高度敏感期和随之而来的诉讼爆炸时期（黄京菁，2001）。

而在20世纪80年代以后，SEC采用综合信息披露体系，在S-X规程（Regulation S-X）中将重要性标准限定为："一个理性投资者在决定是否购买证券时会认为该信息是重要的实质可能性"（何佳、何基报，2005）。虽然FASB、AICPA、SEC和法庭在重要性标准上的立场完全一致（王啸，2007），但实务操作中会计人员、审计师和证券发行人必须在会计信息到达信息使用者之前作出重要性的判断。问题的严重性在于，如果法庭对会计信息存在错报是否重要的认定低于审计师把握的重要性标准，审计师就需要承担重大虚假陈述的赔付责任。

为克服既要替代会计信息使用者进行重要性判断，又要承担重要性判断不符合使用者期望的风险，职业界在长期实务中自发形成了一套判断重要性的便于操作的经验规则（Rule of Thumb），其中以净利润的5%或10%作为判断重要性的标准最为广泛（Hojskov，1998）。而经验规则用作重要性判断的门槛，容易被误用或滥用，成为不正当会计处理并且推诿责任的护身符。此外，信息使用者对决策有用性的过度需求（信息使用者与审计师的重要性标准不一致），导致审计期望差的客观存在，这种审计需求不断作用于法律制度，使得诉讼主体、诉讼门槛和惩治力度不断朝着决策有用性的方向发展，成为重要性审计程序迅速发展的助推器。

二、系统论为重要性审计程序提供了思想基础和方法论基础

（一）系统论

系统论是研究系统的一般模式。一般系统论通常把系统定义为：由若干要素以一定结构形式联结构成的具有某种功能的有机整体。在这个定义中包括了系统、要素、结构、功能四个概念，表明了要素与要素、要素与系统、系统与环境三方面的关系。

系统论的核心思想是系统是一个整体。一般系统论的创始人贝塔朗菲强调，任何系统都是一个有机的整体，它不是各个部分的机械组合或简单相加，系统的整体功能是各要素在孤立状态下所没有的性质。他用亚里士多德的“整体大于部分之和”的名言来说明系统的整体性，反对那种认为要素性能好，整体性能一定好，以局部说明整体的机械论的观点。同时，系统中各要素不是孤立地存在着，每个要素在系统中都处于一定的位置，起着特定的作用。要素之间相互关联，构成了一个不可分割的整体。要素是整体中的要素，如果将要素从系统整体中割离出来，它将失去要素的作用。系统论的基本思想方法，就是把所研究和处理的对象当做一个系统，分析系统的结构和功能，研究系统、要素、环境三者的相互关系和变动的规律性，并优化系统观点看问题，世界上任何事物都可以看成是一个系统。

环境是组织发展的必要条件，任何组织都同其周围环境相互联系、相互作用着，没有一个组织可以孤立地存在和发展。一个系统和包围该系统的环境之间通常都有物质、能量和信息的交换，外界环境的变化会引起系统特性的改变，相应地引起系统内各部分相互关系和功能的变化。为了保持和恢复系统原有特性，系统必须具有对环境的适应能力，例如反馈系统、自适应系统和自学习系统等。

（二）企业组织与系统

企业组织是一个复杂的、有生命的系统。管理学中的系统管理学派正是从系统观点出发，认为工商企业是一个由相互联系而共同工作的各个要素（子系统）所组成的、以便达到一定目标（既有组织的目标，又有其成员的个人目标）的系统（郭咸纲，2007）。企业系统又由许多子系统构成，从子系统的作用来看，可以分为：①传感系统，用来度量传感企业内部和周围环境的变化。②信息处理系统，如会计和数据处理系统。③决策系统，下达接受输入的信息，作出决策并传达贯彻下去。④加工子系统，利用信息、能量和物资完成一定的生产任务。⑤控制子系统，保证企业按原计划进行，通过反馈获知偏差，并纠正它们。⑥记忆和存储信息子系统，可用来记录事件、编制手册、制定王艺规程、设计电子计算机程序等形式。①

英国组织行为学研究者 Stafford Beer 研究并描述了当今商业组织复杂系统的动态模型。在《公司大脑：组织的管理系统学》一书中，Beer 根据人类神经系统模型，描述了任何可变系统都具有的五层结构。Bell 等在此基础上添加了商业组织一栏后的五层结构如表 3－2 所示。Bell 等认为，任何可变系统都由这五层结构组成。复杂系统又由同样具有这五层结构的若干子系统构成，以使系统保持可变性（Bell 和 Marrs，1997）。因此，一个完整的企业，或是一个可变的经济组织也具有这种类似的结构。

表 3－2　可变系统的层次结构

系统层次	人体组织	功能	商业组织
系统 1	器官、肌肉	执行	经营环节
系统 2	脊髓	信号传递	信息系统
系统 3	桥	自发控制	经营环节中的控制
系统 4	中脑，神经中枢	监管系统和其环境；感觉；激发系统 3 和系统 5	风险管理程序
系统 5	大脑皮层	政策形成	战略管理程序

资料来源：BELL T B，MARRS F O. Auditing Organizations Through A Strategic-Systems Lens［M］. New York：KPMG Peat Marwick LLP，1997：17.

与此同时，企业组织又是一个开放的系统，它是更大的国民经济系统中的一部分，它同周围环境（顾客、竞争者、工会、供货者、政府等）之间存在着动态的相互作用，并具有内部和外部的信息反馈网络，能够不断

① 对于企业来说，根据研究问题的需要可以分为不同的子系统。如系统管理学派将企业的子系统又分为目标和价值子系统、技术子系统、社会心理子系统、结构子系统、管理子系统。具体参见：郭咸纲．西方管理学说史［M］．北京：中国经济出版社，2007.

地自动调节，以适应环境和自身的需要。图 3 -4 描述了处于复杂经济网络中的企业内外部关系网络。

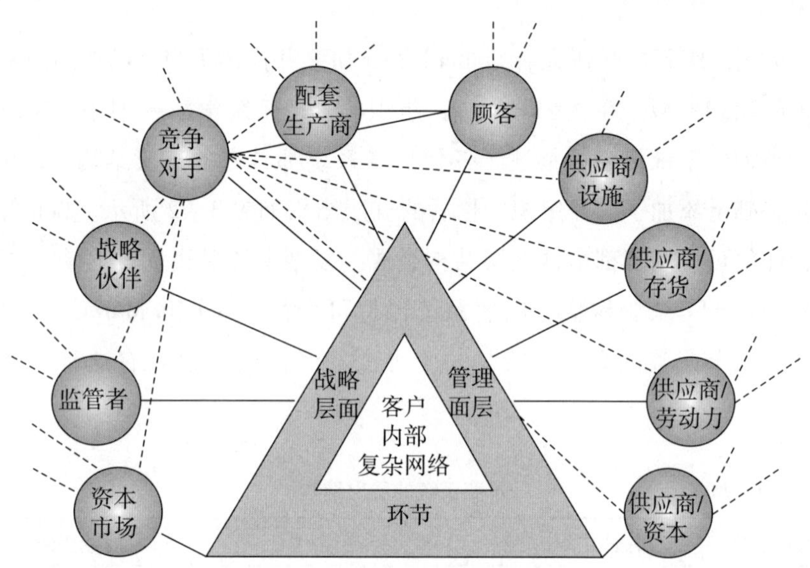

图 3 -4　企业组织复杂的关系网络

注：改编自 BELL T B，MARRS F O. Auditing Organizations Through A Strategic-Systems Lens［M］. New York：KPMG Peat Marwick LLP，1997：19.

（三）财务会计与系统

根据系统管理学派的观点，会计和数据处理是企业组织中的一个子系统。从会计界来看，会计是一个信息系统的观念也早已存在。1966 年，美国会计学会（AAA）在“基本会计理论说明书”（A Statement of Basic Accounting Theory，ASOBAT）中，对会计作了更为广泛的解释，将会计定义为一种“认定、计量和传递经济信息，从而使信息的使用者作出有根据的判断和决策的过程”。（American Accounting Association，1966）这种观点以后逐渐被西方会计界所认同，并进而将会计作为一种“传递信息的过程”提升为一种“信息系统”。在西德尼·戴维森主编的《现代会计手册》中，“会计信息系统论”的观点则已十分明确：“会计是一个信息系统。它旨在

向利害攸关的各个方面传输一家企业或其他个体的富有意义的经济信息。”（西德尼·戴维森，1982）

从20世纪80年代开始，受美国会计学会（AAA）“基本会计理论说明书”和美国会计原则委员会（APB）第4号公告将会计定义为“传递财务信息的过程或活动”的启发，同时也受信息论、系统论、控制论“三论”的影响，我国以葛家澍、余绪缨教授为代表的一些学者提出了“会计是一个以提供财务信息为主的经济信息系统”的观点，形成了所谓“信息系统”学派。差不多同时，以杨纪琬、阎达五教授为代表的一些学者则既否定会计是一种应用技术，也否定会计是经济管理的一种工具，提出了“会计本身就是一种管理活动”的观点，从而形成了所谓“管理活动”学派。杨时展教授则进一步将会计提升为一种“控制系统”（汪祥耀，2006）。

面对“信息系统”与“管理活动”这两种观点，我国会计理论界曾展开过一场为时较长、影响深远的激烈论争，目前已趋统一。葛家澍、刘峰教授在“新中国会计理论研究50年回顾”一文中对上述争论作出了以下近似小结的评论：“在把会计活动理解为一个‘系统’的问题上，管理活动论与信息系统论的看法是一致的，它们的区别在于：管理活动论把会计管理看成是一个会计控制系统，强调监督和控制；而信息系统论则把会计看成是一个信息生成与提供的系统，强调反映。其实，管理活动论认为，会计可直接参与经济管理，信息系统论则认为会计主要是提供信息，供决策者参考，对决策（管理）起支持作用，两种观点的差别已不太显著。”（葛家澍、刘峰，1999）

汤云为、薛云奎（1998）在“中国会计研究评述”一文中也指出：“会计既是一个信息系统，又是一种管理活动，这是大多数中国会计学者对会计本质的理解。”财务会计系统将一个企业在一定期间所发生的经济业务，通过收集、处理和加工，整理成用户所需要的信息——会计信息，这些信息又通过财务报告披露出来。这是信息系统的一种典型运行过程，因此财务会计是一个信息系统。在这一点上学术界已没有争议。

财务会计系统所依据的会计基本假设，权责发生制、配比原则、区分资本性支出与收益性支出等基本会计原则，复式记账等会计特有的处理方法，都使得财务报表各个项目之间的运动既有一定的独立性，同时又充满联系，共同构成一套完整的财务报表。另外，财务会计系统的重要作用就是要综合、全面、连续、系统地反映企业组织在各时期全部的经济活动及其结果，而企业组织又是一个开放的系统，它处于复杂经济网络中，因此财务报表及其各个项目也是对企业与内外部环境所组成的动态系统所进行的一个真实描述。审计所面对的是一个更广泛的经济系统。这些系统论的思想为重要性审计程序奠定了理论基础。

（四）重要性审计程序是一种系统分析方法

1. 传统审计方法的还原论思想及其局限性

在重要性审计程序产生之前，审计师主要采用检查、监盘、函证等审计方法。这些审计方法的特点是，抽样检查构成单个报表项目的明细账、具体交易或实物，再通过样本的特征推断总体。审计师采用的是归纳的推理方法，他们不太注重报表项目之间的联系，也不注重企业经营活动及外部环境对报表项目的影响。这是一种传统的分析和解决问题的方法。从方法论角度看，这体现的是一种还原论（Reductionism）的方法论思想。

还原论的一个基本信念是，相信客观世界是既定的，存在一个由所谓“宇宙之砖”构成的基本层次，只要把研究对象还原到那个层次，搞清楚最小组分即“宇宙之砖”的性质，一切高层次的问题就迎刃而解了。由此强调，为了认识整体必须认识部分，只有把部分弄清楚才可能真正把握整体；认识了部分的特性，总可以据之把握整体的特性①。在这个意义上，还原论方法也是一种把握整体的方法，即所谓分析——重构方法。但居主导地位的是分析、分解、还原：首先把系统从环境中分离出来，孤立起来

---

① 还原论科学并非完全不考虑对象的整体性问题。作为还原论方法的奠基者之一，笛卡儿（R. Descartes）主要是从如何研究整体才算是科学方法的角度论证还原的必要性的。

进行研究；然后把系统分解为部分，把高层次还原到低层次，用部分说明整体，用低层次说明高层次。在这种方法论指导下，400 年来科学创造了一整套可操作的方法，取得巨大成功。（许国志，2004）如通过化学分析，我们认识到周围的大量物质是由原子和分子组成的单质和复杂化合物，通过生物解剖学，我们认识了生命组织、细胞和生物大分子，等等。在科学还没有建立，人们对事物的认识还停留在普通的直观水平时，科学通过对事物的分解和分析，获得了对事物微观层次基本构成要素的了解，这对人们的认识是一个极大的推动。所以这种传统的分析方法在科学中是普遍的，以致分解和找到"原子"单位，就成了对事物本身的一种解释。

不过传统分析方法也存在很大的局限性，它注重对事物微观层次基本构成要素的了解，却忽视了系统内部联系性的分析，即对关于事物内部各个要素之间的复杂联系、这些联系所构成的整体性以及事物与环境之间的关系都被忽略掉了。这种分析在面对一些简单的加和性系统或线性系统时会获得一定的成果，① 但当现代科学把简单系统问题基本研究清楚，逐步向复杂系统问题进军时，当面对一些复杂的、存在相互作用的非线性系统时，仅仅靠分析—重构方法日益显得不够用了，传统分析方法和还原论就会遇到困难，甚至会完全歪曲地解释对象系统②。

对审计的对象企业组织而言，早期企业组织的结构简单，规模较小，经济业务的性质并不复杂，被审计单位的融资方式也简单（业主投入资本辅以银行贷款），很少对外投资业务。这个时期审计期间的会计事项相对来说不是很多，传统审计方法能够较好地实现审计目标。然而，20 世纪 80

① 因为在系统内部基本不存在相互作用的情况下，要素的性质也就近似是系统整体的性质。

② 比如传统分析方法事实上引导人们把生命仅仅理解为化学过程，把科学理论仅仅理解为原子语句的集合等。自从 20 世纪 80 年代以来，非线性科学和复杂性研究的兴起对系统科学的发展起了很大的推动作用。这导致后来物理领域、生物领域和社会经济领域差不多发出了共同的呼声：突破还原论。美国《科学》杂志于 1999 年 4 月发表了一个题为"复杂系统"的专辑，其前言的标题就是"超越还原论"。具体请参阅：许国志．系统科学［M］．上海：上海科技教育出版社，2004.

年代以后，世界经济急剧变化，科学技术日新月异，各种文化相互渗透，市场竞争日益激烈，人类开始迈入较为成熟的信息社会和知识经济时代。在这种情况下，企业与其所面临的多样的、急剧变化的内外部环境的联系日益增强，内外部经营风险很快就会转化为财务报表错报的风险。这种环境的快速变化使审计师逐渐认识到被审计单位并不是一个孤立的主体，它是整个社会的一个有机组成部分，审计面对的是一个更广泛的经济系统。审计必须从方法论的角度加以变革。这就是建立在系统论基础上的系统分析方法。

2. 重要性审计程序是一种系统分析方法

系统分析方法是与传统的分析方法有着重大差异的科学方法。它是针对科学发展的历史中由传统分析方法遗留下来的那些困难和问题而形成的。系统分析方法是一种分析与综合相结合的方法。它不仅注意到系统中的要素分析，而且注意到要素联系的分析，而联系的分析本身不再是一个分解系统的离散化过程，而是一个综合与整合的过程。对事物的认识和理解重点不在于其中各个要素的性质，而主要在于各个要素相互联系的整体上。系统分析方法有5个基本步骤：目标分析、系统条件分析、建立模型、提出方案和评价与决策（李建华，2008）。下面，笔者根据这5步骤来说明重要性审计程序实际上是一种系统分析方法。

（1）目标分析。系统分析是来自实践中的一种科学方法，因此目的或目标往往是进行研究、建立方案。目标的建立通常来自于现实状况或系统中的问题。如某个理论对事实的解释中存在着一定矛盾，或者一个现实的社会系统运行存在着不理想的状态等。具体到重要性审计程序任务中，审计目标就是判断报表整体的合理性，以及报表项目各项认定的合理性。

（2）系统条件分析。系统条件分析是对现有可利用的种种条件进行充分的调查和研究，主要是对现有已在运行的现实系统的分析。现实系统是一个多种要素相互联系的动态系统，系统分析首先要进行的是“要素分析”，即分析和查找现实系统运行的种种基本要素。然后，要进行系统的“联系分析”，这种对联系的分析不仅指对现实系统中各要素的联系的认识，更重要的是从诸要素不同形式的搭配组合中来实现对种种联系的分析和认识。

具体到重要性审计程序中，就是要将企业组织置于更广的社会经济网络中，了解客户的经营和组织结构；了解企业行业及其在行业环境中的战略定位；了解企业存在哪些影响其实现绩效水平的意外行为；了解企业与外部经济主体的联系；了解企业共生联盟的性质和影响；了解企业经济环境中可能会威胁到客户战略和市场生存能力的变化，以此判断对财务报表整体的影响。同时，也要根据经济、财务和会计理论，找出影响具体报表项目的各个要素，包括该报表项目本身的历史趋势、其他报表项目的变化、宏观环境和行业环境的影响变量。分析这些影响要素对具体报表项目的影响方式、影响程度。

（3）建立模型。模型是以概念、图式、数学坐标和方程等形式建立起来的一种模拟现实可能组合结构的抽象系统。通过对这个抽象模型的调整、推断、运算或仿真实验，从而可以对现实可能系统的种种性质进行分析和预测。具体到重要性审计程序，我们就要根据前述系统分析的结果，采用简单判断或更复杂的数理统计知识，尝试建立所审计报表项目的预期模型和调查模型。建模过程也往往不是一次完成的，要经过多次修正调节。

（4）提出方案。通过模型的运行，提出相应的方案。具体到重要性审计程序，就是要根据模型的拟合与调查，找出异常的波动，提出该波动的各种可能解释。

（5）评价与决策。对于各个方案或各个系统要进行具体的分析和进一步可行性研究评价。在对所有这些条件进行综合考虑后，最后确定最优的或最满意的系统。具体到重要性审计程序，此时仍要根据系统条件分析所了解的知识，结合审计师自己的经验以及询问调查结果，对各种可能的解释进行分析判断，确定其合理性，最后找出一个最优的解释，并据此确定对审计工作的影响，从而确定应对措施。

需要指出的是，基于还原论的传统分析方法与基于整体论的系统分析方法并不互相排斥。不还原到元素层次，不了解局部的精细结构，我们对事物整体的认识只能是直观的、猜测性的、笼统的，缺乏科学性。没有整体观点，我们对事物的认识只能是零碎的，只见树木，不见森林，不能从整体上把握事物、解决问题。因此，传统分析方法与系统分析方法应该结合起来。具体到审计工作中，重要性审计程序与传统的审计方法应该互为补充，不可偏颇。

第四节　本章小结

本章结合审计模式的演进，对重要性审计程序的产生与发展进行了历史研究，认为，账项导向审计阶段是重要性审计程序的萌芽和初步发展阶段，19 世纪 80 年代英国审计中的账户分析，可以说是重要性审计程序的萌芽；在制度导向审计阶段，重要性审计程序在审计准则中的地位正式确立；在风险导向审计阶段，重要性审计程序成为强制性审计程序，并逐渐成为风险评估的核心程序。

重要性审计程序快速发展的理论与实务背景在于三个方面：外部日益扩大的审计期望差，以及由此导致的诉讼爆炸和政府管制威胁；会计师事务所面临的成本压力；系统论为重要性审计程序提供了思想基础和方法论基础。传统审计方法的方法论基础是还原论，而重要性审计程序则是一种基于系统论的分析方法。重要性审计程序与传统的审计方法应该互为补充，不可偏颇。

第四章　重要性审计程序判断的经验标准

第一节　重要性审计程序的数量标准

一、数量标准的基本含义

前已述及，从概念上讲，重要性审计程序是指错报超过一定的程度，会影响财务报表使用者的经济决策。重要性似乎意味着存在一个明确的“临界点”，审计师作为一受托责任者应替代信息使用者作出判断：超过这个点即是重要的，低于这个点是不重要的。这种重要性审计程序的认识对于审计师来说，是外生性的，他们必须通过必要的技术与方法将之内化，以实现其价值。这一方面最常用的技术与方法就是量化重要性审计程序。

量化重要性审计程序，就是要将基于职业存在价值的外生变量——重要性审计程序，转化为若干内生变量，使得审计师能够通过对这些内生变量的控制，最终实现外生变量的目标。内生变量应选择同为职业界和信息使用者所熟悉的、易理解和易控制的信息。量化重要性审计程序在审计准则中被称为重要性审计程序水平，通常由审计师主观选择具有代表性的基数和百分比，这种方法恰恰是最容易理解和接受的。

量化重要性的形式即重要性水平，是针对错报的金额大小而言。重要性水平往往是一个经验值，不能将其简单地用一个数学公式来描述，审计师只能通过职业判断和常识确定重要性水平。在审计过程中，审计师应当考虑财务报表层次和各类交易、账户余额、列报认定层次的重要性水平。

二、重要性审计程序数量标准的选择

（一）财务报表层次的重要性数量标准

审计师在初步估计财务报表层次的重要性审计程序数量（即重要性水平）时可以使用不同的方法，包括从简单的固定百分比法到使用统计技术的复杂分析。下面，作者结合中国注册会计师协会（以下简称 CICPA）发布的重要性审计程序应用指南，阐述重要性审计程序的各种量化方法。作者认为这是一种比较科学的分类方法。

1. 固定百分比法

其是以财务报表里某些关键数据的一定百分比来计算重要性水平的金额。这是一种极常见的重要性审计程序量化方法，最为常见和广泛运用的 Leslie（1965）在《CICA：审计中的重要性》所建议使用的固定百分比：税前利润的 5%，资产总额的 0.5%，权益总额的 1%，总收入的 0.5%（转引自 Pany，Wheeler，1989）。

我国 CICPA 2006 年发布的重要性审计程序应用指南中提供的是固定百分比法。在该指南中，列举了一些参考数值，如：A. 对于以赢利为目的的企业，来自持续经营业务的税前利润的 5%，或总收入的 0.5%；B. 对于非营利组织，总费用或总收入的 0.5%；C. 对于共同基金公司，净资产的 0.5%。

2. 分级累进递减法

其根据资产总额或主营业务收入中金额较大的金额确定不同的比率以计算相应的重要性审计程序金额的方法，基本原则是：收入总额或主营业收入越大，确定重要性水平所采用的比率就越低。如毕马威会计师事务所（王光远，1992）用的即是一种分级累进递减法，见表 4－1。

而卡迈尔（D. R. Carmichel）、米尔斯（D. R. Meals）、赫夫（B. N. Huff）和安德森（J. Anderson）在《小型企业审计指南》（*Guide to Audits of Small Business*）中，设计了一个重要性比率计算法（王光远，1992），见表 4－2。

表 4－1 毕马威的超额（总资产或总收入）递减比率表

级次	超额累进级距	重要性比率（%）	速算补加数
1	总资产或总收入在 0～3 万元	0.054	0
2	总资产或总收入在 3 万～10 万元	0.029	750
3	总资产或总收入在 10 万～30 万元	0.018	1850
4	总资产或总收入在 30 万～100 万元	0.0125	3500
5	总资产或总收入在 100 万～300 万元	0.0083	7700
6	总资产或总收入在 300 万～1000 万元	0.006	14600
7	总资产或总收入在 1000 万～3000 万元	0.004	34600
8	总资产或总收入在 3000 万～1 亿元	0.00272	73000
9	总资产或总收入在 1 亿～3 亿元	0.0019	155000
10	总资产或总收入在 3 亿～10 亿元	0.00125	350000
11	总资产或总收入在 10 亿～30 亿元	0.00087	730000
12	总资产或总收入在 30 亿～100 亿元	0.00058	1600000
13	总资产或总收入在 100 亿～300 亿元	0.0004	3400000
14	总资产或总收入在 300 亿元以上	0.00027	7300000

表 4－2 重要性比率计算表

级次	总资产或总收入孰高者	重要性比率（%）
1	1 万元以下	4
2	1 万～10 万元	2
3	10 万～30 万元	1.5
4	30 万～50 万元	1
5	50 万元以上	0.7

3. 随量变化法

随量变化法的基本原理与单一变量法相似，是将百分比常数从单一固定转变为随被审计单位的规模大小修改成一定幅度。加拿大特许会计师协会（CICA）建议的方法就是一种随量变化法，具体见表 4－3（刘怀德，1998）。

表 4-3　　加拿大特许会计师协会的重要性比率计算表

总利润额的变动区间（元）	重要性比率（%）
0 ~ 20000	2 ~ 5
20000 ~ 1000000	1 ~ 2
1000000 ~ 100000000	0.5 ~ 1
100000000 以上	0.5

4. 平均法或综合法

这种方法是固定百分比法的完善化，实际应用时，有各种变化。如上例中，一些审计人员直接将上述四个变量作简单平均；也可加权后再平均，例如各给税前净收益、资产总额、权益总额及总收入权值 25%。

5. 公式法

这是指经由对样本公司作统计分析后，所建立的估算公式。通常大会计师事务所都有自己的公式，而且每隔数年会再根据新资料，重新检验公式。其中最广为人知的应属普华永道会计师事务所的公式，其 1998 年的公式是：$1.84 \times (\text{资产或收益})^{\frac{2}{3}}$。在资产额与收益额两个数字中，一般选数额较大者。

Warron 和 Elliott（1986）通过对 60 家会计公司收回的约 700 张问卷的研究，得出美国注册会计师协会（AICPA）的计算公式（Pany 和 Wheeler，1989）：

① $0.038657\ (\text{总收益})^{0.867203}$

② $0.146924\ (\text{税前收入})^{0.9425554}$

③ $0.271762\ (\text{净收入})^{0.894640}$

需要指出的是，一些学者将上述列举的第①第②种方法并称为百分比法。在我国注册会计师审计准则相关指南、注册会计师协会编写的后续教育书面与相关参考教材中，重要性审计程序量化方法基本上仅限于对前两种方法的介绍，很少有机构、教材、专著和学术论文详细介绍统计分析。在审计实务中，也极少采用统计分析的方法。笔者认为，随着我国注册会计师素质的提高和审计软件的成熟，今后职业界应努力尝试采用更先进的重要性审计程序量化方法，提高审计效果。

（二）各类交易、账户余额、列报认定层次的重要性数量标准

确定了会计报表层次的重要性水平后，需要将重要性初步估计数分配至各类交易、账户余额和列报认定层次（以下简称认定层次）。其具体的分配方法有以下几种。

1. 比例分配法

一般是按资产负债表中各账户余额比例分配。

我国 CICPA 2006 年发布的重要性审计程序应用指南认为重要性的分配既可以采用分配的方法，也可以采用不分配的方法。在采用分配的方法时，重要性审计程序应用指南举了如下的例子，见表 4－4。

表 4－4　　比例分配法　　单位：万元

项目	金额	甲方案	乙方案
现金	700	7	2.8
应收账款	2100	21	15
存货	4200	42	30
固定资产	7000	70	92.2
总计	14000	140	140

表 4－4 中，甲方案是按 1% 进行同比例分配。一般来说，这并不可行，审计师应当对其进行修正。由于应收账款和存货错报的可能性较大，故应分配较低的重要性水平，以期发现重大错报，如乙方案。假定审计存货后，仅发现错报（含推断误差）18 万元，且审计师认为所实施的审计程序已经足够，则可将剩下的 12 万元再分配给其他合适的账户。

关于认定层次的重要性水平与财务报表层次的重要性水平的关系，我国 CICPA 2006 年发布的重要性审计程序应用指南认为认定层次的重要性水平总和应当等于或小于财务报表层次的重要性水平，并指出，如果小于财务报表层次的重要性水平，表明最初确定的财务报表层次的重要性水平已经被调整。

2. 经验分配法

这是指基于审计费用和各账户的特性以及审计师的职业经验进行分配。

例如某著名国际会计公司采用的方法是：假设财务报表层次的重要性水平为 100 万元，则可根据层次认定各类交易、账户余额或列报的性质及错报的可能性，将各类交易、账户余额或认定层次的重要性水平定为 20% ~50%。审计时，只要发现该账户或交易的错报超过这一水平，就建议被审计单位进行调整。最后，编制未调整事项汇总表，若调整的错报超过 100 万元，就建议被审计单位进行调整。

另一种方法是境外某审计机构所采用的方法。该审计机构规定，各认定层次的重要性水平为财务报表层次重要性水平的 1/6 到 1/3，这取决于审计师对有关账户的风险评价。假设财务报表层次重要性水平为 90 万元，应收账款的重要性水平为这一金额的 1/4、存货为这一金额的 1/5、应付账款为这一金额的 1/5，则其重要性水平的金额分别为 22.5 万元、18 万元和 18 万元。

3. 基准乘数法

这是指将重要性分配至重要账户的数量表示为总体重要性审计程序的乘数，以指导重要性审计程序的分配（Glover，2007）。见表 4 -5。

表 4 -5　　基数乘数法

重要账户的数量	总体重要性审计程序的乘数	重要账户的数量	总体重要性审计程序的乘数
2	1.5	31 ~40	5.5
3 ~4	2	41 ~50	6
5 ~6	2.5	51 ~64	6.6
7 ~9	3	65 ~80	7
10 ~14	3.5	81 ~94	7.5
15 ~19	4	95 ~110	8
20 ~25	4.5	111 ~130	8.5
26 ~30	5	131 及以上	9

三、重要性审计程序数量标准的探讨：模型分析

是否应为重要性审计程序提供一清晰的数量标准是目前审计理论界与实务界关注的重要课题。支持重要性数量标准应存在统一标准的学者认为：如果重要性缺乏统一的标准，将会引起财务报表信息披露的不一致。如 Jennings 等（1987）认为：“应鼓励职业界在重要性领域建立明晰的重要性标准，法律界也应推动这一进程”（Jennings 和 Kneer，1987）。另外，利用重要性的数量标准进行盈余管理也广为诟病。许多舞弊案件表明，常年接受审计的客户可能因太了解审计师所运用重要性水平的方法，别有用心地设计会计造假的应对和规避措施，如运用每笔金额较小但造假分录发生频率较高的“化整为零”的手段，达到盈余管理的既定目的。而如若缺乏重要性的数量标准指南，直接后果可能是重要性的评估变成纯粹的主观判断。

下面将从问题的本质入手，通过构建一动态博弈模型，假设当客户管理层存在盈余管理动机（以高估错报实现）时，重要性审计程序数量标准的不确定性对审计师和客户管理层的均衡策略产生影响，并以此为基础，探讨职业界是否需要建立统一的重要性数量标准指南。

我们将重要性数量标准的不确定性定义为审计师估计的重要性数量标准与客观重要性数量标准之间的偏差。偏差的水平越大，表示审计师重要性数量标准的不确定性越大，反之亦然。如果估计的重要性数量标准偏离了客观重要性数量标准，估计重要性数量标准越高，得出错误结论的风险越高，估计的重要性数量标准越接近客观重要性数量标准，则得出错误结论的风险越低。因此，“审计师无法通过不合理地人为调高重要性数量标准，降低审计风险，因为重要性是依据重要性概念中所述的判断标准确定的，而不是由主观期望的审计风险水平决定”（张龙平、聂曼曼，2006）。实际上，审计师对客观重要性的主观估计总会有一定的偏差，其不确定性体现了审计师的专业能力差异。

（一）模型描述

一般来说，财务报表中的错报包括蓄意错报和无意错报。我们假设客户不存在财务报表的私有信息，只能通过蓄意错报抬高财务业绩。审计师通过对审计证据的搜集和评价，以接受或拒绝财务业绩。通过审计程序的实施，审计师最终可以明确重要性数量标准，合理确信财务报表的公允性及错报的影响程度，以出具恰当的审计意见。本章拟通过设计一动态博弈模型，分别从审计师和客户管理层的角度，研究当客户管理层有动机及机会蓄意高估财务业绩时，考察重要性数量标准的不确定性对审计师和客户管理层的影响，为制定更切实可行的重要性审计程序指南提供理论基础。

在审计过程中，参与人是审计师与客户，双方只有客户知道公司的真实财务业绩 z，$z = y + e$，其中 e 是随机干扰项，$y \sim N(\mu_y, \sigma_y^2)$，双方面对的是不完全的信息。客户管理层蓄意高估错报，金额为 w，$\tilde{e} \sim N(0, \sigma_e{}^2)$，未经审计的财务业绩为：

$$\tilde{z} = \tilde{y} + \tilde{e} + w \tag{4-1}$$

其中：$\tilde{z} \sim N(\mu_y + w, \sigma_y^2 + \sigma_e^2)$，$\tilde{z}$ 的概率密度为 $\lambda(z)$。

这里，我们将不再区分初始财务业绩的高估错报是由蓄意错报或无意错报造成的，而将客户的错报金额 $\tilde{\theta}$ 表示为：

$$\tilde{\theta} = \tilde{z} - \tilde{y} = \tilde{e} + w \tag{4-2}$$

由于 w 是非随机变量，错报金额服从 $\tilde{\theta} \sim N(w, \sigma_e^2)$。

审计师估计客户的错报金额 $\tilde{\theta}_z$ 为：

$$\tilde{\theta}_z = z - \tilde{y}_z = \tilde{e}_z + w \tag{4-3}$$

$\tilde{y}_z$ 表示审计师估计的客户财务业绩，下标 z 表示遵从初始财务业绩 z 的随机分布。根据贝叶斯理论，$\tilde{y}_z \sim N(u_{y|z}, \sigma_{y|z}{}^2)$。其中 $u_{y|z} = \delta(z - w) + (1 -$

$\delta)\mu_y, \delta = \frac{\sigma_y^2}{\sigma_y^2 + \sigma_e^2}$，且$\sigma_{y|z}{}^2 = \frac{\sigma_y^2\sigma_e^2}{\sigma_y^2 + \sigma_e^2}$。换句话说，当审计师观察到初始财务业绩 z 时，他可通过实施相关审计程序识别错报，修正对客户的评价，以接近客户真实的财务业绩。因此，审计师认为错报金额 $\tilde{\theta}_z \sim N(z - \mu_{y|z}, \sigma_{y|z}{}^2)$，其中：$z - \mu_{y|z} = w + (1 - \delta)(z - \omega - \mu_y)$。

按照相关审计规则，审计师在实施重要性判断时，应考虑数量标准与性质标准。我们假设审计师的初始重要性数量标准 $\tilde{m}_z$ 服从正态分布，即 $\tilde{m}_z \sim N(M_z, \sigma_m{}^2)$，$\tilde{m}_z$ 的概率密度为 $t(m_z)$ ①。下标 z 表示重要性审计程序数量标准的计量取决于初始财务业绩 z 的最大值②。为简化模型，我们假设初始财务业绩只影响重要性数量标准均值的分布。换句话说，审计预期重要性水平 $M_z = \pi z$，其中 π 为外生百分比参数。例如，初始财务业绩 20000，若 $\pi = 5\%$，则审计师预期重要性数量标准 $M_z = 1000$。如果初始财务业绩增加，则预期重要性审计程序水平也相应增加。

我们假设重要性审计程序数量标准服从简单随机分布，当审计师估计的错报金额 θ_z 若大于或等于 m_z，即判别为重大错报。x_z 表示的是审计师识别及推断的错报金额总额，是审计程序（例如对交易样本进行细节测试或分析性程序）的结果，则 x_z 为：

$$\tilde{x}_z = \tilde{\theta}_z + \tilde{\xi} \tag{4-4}$$

其中：$\tilde{\xi} \sim N(0, \sigma_x^2)$，且 $\tilde{\theta}_z$ 和 $\tilde{\xi}$ 都为独立随机变量，$\tilde{x}_z \sim N(z - \mu_{y|z}, \sigma_{y|z}{}^2 + \sigma_x{}^2)$，其中 $\tilde{x}_z$ 的概率密度为 $f(x_z)$，概率分布为 $F(x_z)$。审计师实施审计程序时并不能区分其是蓄意错报还是无意错报，但是如果 x_z 增加，

---

① 我们假设重要性水平正态分布主要是为了技术上的方便。我们没有理由假设重要性水平的不确定性可表示为某种具体分布。正态分布的假设可让我们检验变异（或不确定性的程度）怎样影响模型中审计师和被审计单位的相互作用。此外，我们也认为这种假设下重要性水平也存在不合实际的情况，如存在负值。但我们假设的局限性并不影响我们结果的质量。

② 为计算重要性，审计师一般会选择报告价值作为基数金额。

审计师将认为发生重大错报的概率增加。

假设经审计后仍存在的错报金额为 $\tilde{\theta}_{x_z,z}$ ，$\tilde{\theta}_{x_z,z} \sim N(\mu_{\theta|x_z,z},\sigma_{\theta|x_z,z}{}^2)$ 。若 $\alpha = \dfrac{\sigma_{y|z}{}^2}{\sigma_{y|z}{}^2 + \sigma_x^2}$ ，则 $\mu_{\theta|x_z,z} = \alpha x_z + (1-\alpha)(z-\mu_{y|z})$ ，$\sigma_{\theta|x_z,z}{}^2 = (1-\alpha)\sigma_{y|z}{}^2$。审计师将根据错报更正后财务报表的整体情况，决定是否接受或拒绝相应的财务业绩。

（1）审计师的预期收益。当财务报表存在蓄意高估错报时，审计师面临两种选择：一是接受财务业绩；二是拒绝财务业绩。假设审计师接受的财务报表中，错报金额超过重要性审计程序数量标准（ $\theta_z - m_z \geqslant 0$ ），则可能会发生审计失败的预期成本 L ，即由于潜在诉讼、惩罚和声誉损失等而发生的预期成本。通过收集相关的审计证据，审计师会不断修正对重大错报概率的评价。假设我们用 $H(\bullet \mid x_z)$ 表示错报金额与重要性水平的差额（ $\tilde{\theta}_z - \tilde{m}_z$ ）的累积分布函数，$\tilde{\theta}_{x_z,z} - \tilde{m}_z \sim N(\mu_{\theta|x_z,z} - M_z,\sigma_{\theta|x_z,z}{}^2 + \sigma_m^2)$ ，则审计师预期审计失败成本为：

$$-[1 - H(0 \mid x_z)]L \tag{4-5}$$

$[1 - H(0 \mid x_z)]$ 表示在初始财务业绩 z 和审计师发现错报金额 x_z 的条件下，财务报表仍存在重大错报的概率。假设审计师拒绝接受初始财务业绩 z ，则其会因扩充审计程序增加成本 R ，包括额外工作的预期成本，以及与客户协商而产生的成本①。当预期审计失败成本 $L[1 - H(0 \mid x_z)]$ 大于扩充审计程序成本 R 时，审计师会选择扩充审计程序以避免审计失败的发生：

$$L[1 - H(0 \mid x_z)] \geqslant R \tag{4-6}$$

① 我们假设所有已识别的错报都得到更正。这在发生扩充审计程序时很常见。扩充审计程序是可能存在审计问题的一种“宣告”形式。此外，可能因额外工作发生审计成本，对审计师发现的错报，被审计单位经常被迫进行更正。当然，不太可能存在审计师发现错报可忽略到几乎不需要调整的情况。我们并没有对博弈的这个阶段的技术细节建立模型，而将其留作未来研究。

因此，审计失败发生的预期概率不会超过 R/L①。

假设通过审计后，审计师的重要性数量评价标准为 c_z，假设通过审计证据获取及推断错报金额总额 $x_z < c_z$，则表示审计师认为财务报表不存在重大错报，财务业绩是可以接受的；如果 $x_z \geqslant c_z$，表示财务业绩不可接受，审计师应扩充审计程序②。因此，在财务业绩 z 既定时，审计师的收益函数取决于其对重要性数量评价标准 c_z 的选择：

$$A = -L\int_{-\infty}^{c_z}[1 - H(0 \mid x_z)]f(x_z)\mathrm{d}x_z - R[1 - F(c_z)] \quad (4-7)$$

其中：$-L\int_{-\infty}^{c_z}[1 - H(0 \mid x_z)]f(x_z)\mathrm{d}x_z$ 表示审计师接受财务业绩的预期收益，$-R[1 - F(c_z)]$ 表示审计师由于拒绝财务业绩而遭受的预期损失。

（2）客户管理层的预期收益。客户管理层的预期收益取决于审计后客户公布财务业绩的多少。假设客户未经审计的财务业绩 z，蓄意错报金额为 w。管理层可以通过预估审计师发现错报 x_z 的概念，计算其预期收益。

假设客户管理层根据财务业绩 z 的一定比例获取收益，如果审计师拒绝接受报表业绩而扩充审计程序，发生预期惩罚成本 pw，其中惩罚乘数 p 是衡量财务业绩的正向影响和惩罚消极影响的相对权重③。因此，管理层预计不管有意错报是否重大，预期惩罚与 w 成正比。如果审计师拒绝财务业绩，管理层的收益（以 z 为基础）将减少 pw，其中 pw 表示因罚款、处罚或犯罪行为监禁而遭受的损失④。我们假设如果审计师拒绝接受财务业

① 注意：如果 $R > L$，则扩充审计程序是审计师愿意接受的一种决定策略。在实务中不太可能出现这种情况，通常 R 会小于 L。

② 根据动态博弈理论，审计师选择 c_z，客户选择 W。我们可以选择性地说：在博弈刚开始时，审计师选择策略 c_z，观察报告业绩 z，然而将 W 与 c_z 比较，以确定是接受还是拒绝。

③ 例如，管理层可能按照财务报告业绩 10% 获得奖金，而如果发现高估错报会受到双倍惩罚。这两个乘数的净效果是 p，p 值也表示惩罚不发生的可能性。

④ 为了简化，我们假设所有的管理层倾向于实施舞弊，这样，审计师可计算均衡的舞弊金额。制定假设并没有考虑一般性损失。正如 Newman 等（1996）所讨论的，尽管审计师可能推断没有管理层受到惩罚的舞弊金额，除非审计师取得舞弊的证据。此外，即使存在被审计单位管理层诚实的情况，我们的结果并未发生性质变化。

绩而更正蓄意错报，管理层将无法获益①。

由于客户管理层通过蓄意高估错报以提高财务业绩，他对审计后所有可能的财务报表结果将平均化其预期收益。对任一财务业绩 z，管理层估计如果审计师发现错报大于重要性数量标准，即 $x_z \geqslant c_z$ ②，审计师将扩充审计程序。管理层的收益函数是：

$$U = \int_{-\infty}^{\infty} \{z - pw[1 - F(c_z)]\} \lambda(z) \mathrm{d}z \tag{4-8}$$

（二）贝叶斯—纳什博弈均衡策略分析

下面我们将根据贝叶斯—纳什均衡策略，剖析审计师与客户管理层的博弈均衡解。每一博弈参与者通过考虑其他参与者的收益函数和均衡选择，确定其相应的纳什策略。

审计师根据 x_z 和 z 修正财务业绩，公式（4-9）剖析了当审计师认为当接受含高估错报的财务业绩时，若审计失败成本超过扩充审计程序成本，审计师会选择扩充审计程序以防范审计失败风险：

$$\mu_{\theta|x_z,z} \geqslant M_z - \Phi^{-1}\left(\frac{L-R}{L}\right)\sqrt{(1-\alpha)\sigma_{y|z}{}^2 + \sigma_m^2} \tag{4-9}$$

其中：$\Phi^{-1}(\bullet)$ 是标准正态分布函数的反函数③，发生审计失败的预期成本为 L，扩充审计程序成本 R。公式（4-9）表明，如果 $L = 2R$，且在可能错报超过预期重要性水平时，审计师将扩充审计程序。当 $L > 2R$ 时，即审计失败预期成本特别大时，即使错报金额低于重要性水平，审计师也将选

① 我们的模型并不包括审计师和管理层在确定是否按审计师要求进行调整而实施的协商。我们研究的重点在于存在舞弊并扩充审计程序时，对舞弊的识别。此外，我们的模型也解决实务中管理层对错报规模多大时审计师会接受财务报表业绩的估计。在讨论如何评价审计结果时，审计准则中提到“评价财务报表在所有重大方面公允反映时……审计师应汇总被审计单位未更正的累计错报金额……能判断财务报表中是否存在重大错报。”我们的模型主要解决的是当审计师预测可能的错报以及错报对报告业绩是否重大的可能性的部分。

② 很明显，p 必须远大于1。否则，管理层无动机限制高估偏误。

③ 根据已知概率等参数确定标准正态分布随机变量值。

择扩充审计程序。当管理层错报金额增加时（表现为错报金额均值 $\mu_{\theta|x_z,z}$ 增加），或者预期重要性水平降低时，审计师更可能扩充审计程序。

审计师的最终重要性数量标准 c_z 表示：当 $x_z < c_z$ 时，审计师接受初始财务业绩；而当 $x_z \geq c_z$ 时，审计师会拒绝该初始财务业绩而选择扩充审计程序。我们通过分析审计师的最终重要性数量标准 c_z 与审计师发现错报金额 x_z 的关系，区分审计师接受或拒绝财务业绩的不同策略。公式（4－10）表示的是：对任一未经审计的财务业绩 z，审计师通过重要性数量评价标准 c_z 的选择以最大化审计师预期收益，即当 $x_z = c_z$ 时，审计师重要性数量标准 c_z 的策略为：

$$c_z = \frac{\pi z - (1-\alpha)(z-\mu_{y|z}) - \Phi^{-1}(\frac{L-R}{L})\sqrt{(1-\alpha)\sigma_{y|z}^{\ 2} + \sigma_m^2}}{\alpha} \tag{4－10}$$

同时，表达式（4－10）也反映出审计师怎样通过对财务业绩的修正 $\mu_{y|z}$，以指导其确定的重要性数量评价标准。根据 $(z-\mu_{y|z}) = w + (1-\delta)(z-w-\mu_y)$，初始财务业绩 z 越大，预期错报金额也会越高①，从而审计师对财务业绩的修正 $\mu_{y|z}$ 越大。

我们以线性公式表示审计师的博弈均衡策略，通过一阶求导得出客户管理层的博弈均衡策略。命题1将对审计师和客户管理层的唯一博弈均衡策略提出解决方案。

命题1　审计师和客户管理层的唯一博弈均衡策略可表示如下。

（1）审计师的重要性数量评价标准为 $c_z = az + b$，其中：

$$a = \frac{\pi - (1-\alpha)(1-\delta)}{\alpha}$$

$$b = \frac{-(1-\alpha)[\delta w - (1-\delta)\mu_y] - \Phi^{-1}(\frac{L-R}{L})\sqrt{(1-\alpha)\sigma_{y|z}^{\ 2} + \sigma_m^2}}{\alpha} \tag{4－11}$$

① 我们在命题4下检验了审计师的评价重要性水平 c_z 的均衡效果。

（2）假定 a 和 b 如（1）所示，当 $(1-a)>0$，$c=a(w+\mu_y)+b$，预测错报 $\tilde{x} \sim N(w,(1-a)^2\sigma_e+a^2\sigma_y^2+\sigma_x^2)$，且 $l(\bullet)$ 是审计证据密度函数，$\Im(\bullet)$ 是审计证据分布函数。如果管理层选择高估错报，金额为 w，需要满足的条件是：

$$1-p[1-\Im(c)]-(1-a)pwl(c)=0 \tag{4-12}$$

公式（4－11）表明审计师的重要性数量评价标准与初始财务业绩 z 线性相关。对于给定的初始财务业绩 z，审计师通过对 w 按比例分配以确定重要性数量评价标准 c_z，应对管理层的高估错报。这与管理层在实现真实财务业绩 y 前选择高估错报，其选择不受 y 影响是相互一致的。

公式（4－12）以 $c_z=az+b$ 代入客户管理层的收益函数，求解客户管理层的错报 w 的选择。客户管理层的高估错报金额时，取决于收益（$1-p[1-\Im(c)]$）的边际效应，及 $-(1-a)pwl(c)$ 拒绝概率的边际效应。

公式（4－11）的证明：

根据公式（4－10），$c_z=\dfrac{\pi z-(1-\alpha)(z-\mu_{y|z})-\Phi^{-1}(\frac{L-R}{L})\sqrt{(1-\alpha)\sigma_{y|z}{}^2+\sigma_m^2}}{\alpha}$，

而 $\mu_{y|z}=\delta(z-w)+(1-\delta)\mu_y$，则：

$$c_z=\frac{[\pi-(1-\alpha)(1-\delta)]z-(1-\alpha)[\delta w-(1-\delta)\mu_y]-\Phi^{-1}(\frac{L-R}{L})\sqrt{(1-\alpha)\sigma_{y|z}{}^2+\sigma_m^2}}{\alpha}$$

$$=\frac{\pi-(1-\alpha)(1-\delta)}{\alpha}z+\frac{-(1-\alpha)[\delta w-(1-\delta)\mu_y]-\Phi^{-1}(\frac{L-R}{L})\sqrt{(1-\alpha)\sigma_{y|z}{}^2+\sigma_m{}^2}}{\alpha}$$

因此，若 $c_z=az+b$，则：

$$a=\frac{\pi-(1-\alpha)(1-\delta)}{\alpha}$$

$$b=\frac{-(1-\alpha)[\delta w-(1-\delta)\mu_y]-\Phi^{-1}(\frac{L-R}{L})\sqrt{(1-\alpha)\sigma_{y|z}{}^2+\sigma_m{}^2}}{\alpha}$$

公式（4－13）的证明：

客户管理层的预期收益为：

$$U=\int_{-\infty}^{\infty}\{z-pw[1-F(c_z)]\}\lambda(z)\mathrm{d}z=\mu_y+w-pw+pw\int_{-\infty}^{\infty}F(c_z)\lambda(z)\mathrm{d}z \tag{4-13}$$

其中：$\int_{-\infty}^{\infty}F(c_z)\lambda(z)\mathrm{d}z=\int_{-\infty}^{\infty}\mathrm{Prob}(x_z<c_z\mid z)\lambda(z)\mathrm{d}z$

根据概率论，如果事件 B 服从 $x_z<c_z$，事件 A 服从 $z\in\{-\infty,\infty\}$，则 $\mathrm{Prob}(z\in A,x\in B)=\int_{-\infty}^{\infty}\mathrm{Prob}(x_z<c_z\mid z)\lambda(z)\mathrm{d}z$。因为 $c_z=az+b$，当 $x_z<c_z$，即 $x_z<az+b$ 且 $\mathrm{Prob}(z\in A,x\in B)=\mathrm{Prob}(x-az<b)$。

由于 $c_z=az+b$，$x-az$ 呈正态分布，若 $\Phi(\bullet)$ 表示标准正态分布的累积分布函数，则：

$$\mathrm{Prob}(x-az<b)=\Phi(\frac{b-E[x-az]}{\sqrt{\mathrm{Var}[x-az]}})$$

其中：$E[x-az]=E[e+w+\xi-a(y+e+w)]=w-a(\mu_y+w)$，

且：$\mathrm{Var}[x-az]=\mathrm{Var}[(1-a)e-ay+\xi]=(1-a)^2\sigma_e+a^2\sigma_y{}^2+\sigma_x{}^2$

则：$\mathrm{Prob}(x-az<b)=\Phi(\frac{b-[w-a(\mu_y+w)]}{\sqrt{(1-a)^2\sigma_e+a^2\sigma_y^2+\sigma_x^2}})$

$$\int_{-\infty}^{\infty}F(c_z)\lambda(z)\mathrm{d}z=\Phi(\frac{b-[\omega-a(\mu_y+w)]}{\sqrt{(1-a)^2\sigma_e^2+a^2\sigma_y^2+\sigma_x^2}})$$

$$=\Phi(\frac{b+a(\mu_y+w)-w}{\sqrt{(1-a)^2\sigma_e^2+a^2\sigma_y^2+\sigma_x^2}})$$

则表达式（4－13）可表示为：

$$U=\mu_y+w-pw+pw\Phi\left(\frac{b+a(\mu_y+w)-w}{\sqrt{(1-a)^2\sigma_e^2+a^2\sigma_y^2+\sigma_x^2}}\right)$$

若 $c=b+a(\mu_y+w)$，则 $c-w=b+a(\mu_y+w)-w$；若 $\Im(c)=$

$\Phi(\frac{c-w}{(1-a)^2\sigma_e^2+a^2\sigma_y^2+\sigma_x^2})$，则管理层的预期收益 U 可表示为：

$$U=\mu_y+w-pw[1-\Im(c)] \tag{4-14}$$

若 $U_w=\frac{\mathrm{d}U}{\mathrm{d}w}$，$U_{wj}=\frac{\mathrm{d}^2U}{\mathrm{d}w\mathrm{d}j}$，将 $\varphi(\bullet)$ 表示标准正态分布的密度函数。若 $l(c)=\frac{1}{(1-a)^2\sigma_e^2+a^2\sigma_y^2+\sigma_x^2}\varphi(\frac{c-w}{(1-a)^2\sigma_e^2+a^2\sigma_y^2+\sigma_x^2})$，对 U 一阶求导，可得出管理层的均衡条件：

$$U_w=1-p[1-\Im(c)]-(1-a)pwl(c)=0 \tag{4-15}$$

对管理层收益进行二阶求导：

$$\begin{aligned}U_{wb}&=pl(c)+(1-a)pwl(c)\frac{c-w}{(1-a)^2\sigma_e^2+a^2\sigma_y^2+\sigma_x^2}\\&=pl(c)[1+(1-a)w\frac{c-w}{(1-a)^2\sigma_e^2+a^2\sigma_y^2+\sigma_x^2}]\end{aligned} \tag{4-16}$$

$$\begin{aligned}U_{ww}&=-(1-a)pl(c)-(1-a)pl(c)-(1-a)^2pwl(c)\frac{c-w}{(1-a)^2\sigma_e^2+a^2\sigma_y^2+\sigma_x^2}\\&=-(1-a)pl(c)[2+(1-a)w\frac{c-w}{(1-a)^2\sigma_e^2+a^2\sigma_y^2+\sigma_x^2}]\end{aligned} \tag{4-17}$$

即：$U_{ww}=-(1-a)[U_{wb}+pl(c)]$。

当 $1-a>0$ 时，如果 $U_{wb}>0$，则 $U_{ww}<0$，管理层可以实现收益最大化。

$U_w=0$ 时，由于 $p>1$，$\underset{b\to-\infty}{Limit}[U_w]=\underset{b\to-\infty}{Limit}[1-p(1-\Im(\mathrm{c}))-(1-\mathrm{a})pwl(\mathrm{c})]=1-p<0$。同样，$\underset{b\to\infty}{Limit}[U_w]=\underset{b\to\infty}{Limit}[1-p(1-\Im(\mathrm{c}))-(1-\mathrm{a})pwl(\mathrm{c})]=1>0$。因此，$U_w$ 随着 b 增加而增加。进而：

根据表达式（4－17），当（$1-a$）>0 时，因为 $b>0$，则 $U_{wb}>0$。如果（$1-a$）<0，当 $b=+\infty$，$U_{wb}>0$。因此，当 $U_w=0$ 时，$U_{wb}>0$。

我们将表达式（4－17）中的 U_{ww} 替换表达式（4－16）中的 U_{wb}，则可得出：

当 $U_w = 0$ 时, $U_{ww} = -(1-a)[U_{wb} + pl(c)]$　　　　(4－18)

因此，当 $U_w = 0$ 时, $U_{ww} < 0 \Leftrightarrow (1-a) > 0$

$$\text{而}: 1-a = 1-\frac{\pi-(1-\alpha)(1-\delta)}{\alpha} = 1-\frac{\pi-\dfrac{\sigma_x^2}{\sigma_{y|z}{}^2+\sigma_x^2}\dfrac{\sigma_e^2}{\sigma_e^2+\sigma_y^2}}{\dfrac{\sigma_{y|z}{}^2}{\sigma_{y|z}{}^2+\sigma_x^2}}$$

$$= 1-\frac{\pi(\sigma_{y|z}{}^2+\sigma_x^2)-\dfrac{\sigma_x^2\sigma_e^2}{\sigma_e^2+\sigma_y^2}}{\sigma_{y|z}{}^2} = 1-\frac{\pi(\dfrac{\sigma_y^2\sigma_e^2}{\sigma_y^2+\sigma_e^2}+\sigma_x^2)-\dfrac{\sigma_x^2\sigma_e^2}{\sigma_e^2+\sigma_y^2}}{\dfrac{\sigma_y^2\sigma_e^2}{\sigma_y^2+\sigma_e^2}}$$

$$= 1-\frac{\pi(\sigma_y^2\sigma_e^2+\sigma_x^2\sigma_e^2+\sigma_x^2\sigma_y^2)-\sigma_x^2\sigma_e^2}{\sigma_y^2\sigma_e^2} = (1-\pi)(1-\frac{\sigma_x^2}{\sigma_y^2})-\pi\frac{\sigma_x^2}{\sigma_e^2}$$

$$\Rightarrow (1-a) > 0 \Leftrightarrow \sigma_e^2 > \frac{\pi\sigma_x^2\sigma_y^2}{(1-\pi)(\sigma_x^2+\sigma_y^2)}$$

这表明审计师的策略选择与重要性百分比 π、审计证据的准确性 σ_x^2 相关。也就是，如果 $\sigma_e^2 > \dfrac{\pi\sigma_x^2\sigma_y^2}{(1-\pi)(\sigma_x^2+\sigma_y^2)}$，则博弈有优先解。$w$ 是管理层唯一的最大化收益策略。

下面我们对博弈的均衡解具有唯一性进行证明。为证明均衡策略［w，c_z］是唯一的，我们需要说明以下三个条件：

（1）给定管理层选择任何错报金额 w，审计师存在最大化预期收益的唯一策略的条件是 c_z 与 w 呈线性关系（命题1（1））。

（2）给定审计师重要性选择 $c_z = az + b$，管理层存在唯一的预期收益最大化策略。

以上证明表明只要 $U_w = 0$ 时, $U_{ww} < 0$。

（3）在满足（1）和（2）时，存在唯一策略［w, c_z］。

为显示这种情况，我们考虑管理层的均衡条件。

若 $EqU = U_w = 1 - p[1-\Im(c)] - (1-a)pwl(c) = 0$，则 $\dfrac{\mathrm{d}EqU}{\mathrm{d}w} = U_{ww} +$

$U_{wb}\frac{\mathrm{d}b}{\mathrm{d}w}$。由于 $\frac{\mathrm{d}b}{\mathrm{d}w}=\frac{-(1-\alpha)\delta}{\alpha}<0$，$U_{ww}<0$ 和 $U_{wb}>0$ 对均衡的选择 w，$\frac{\mathrm{d}EqU}{\mathrm{d}w}<0$。因此，我们博弈均衡解是唯一的。

命题 2 在博弈均衡中：

（1）当且仅当 $L>2R$ 时，审计师的重要性数量评价标准 c_z 和管理层错报金额的选择 w，随着重要性审计程序数量标准的不确定性 σ_m 的增加而减少。

（2）当且仅当 $L<2R$ 时，审计师的重要性数量评价标准 c_z 和管理层错报金额的选择 w，随着重要性数量标准的不确定性 σ_m 增加而增加。

假定重要性审计程序数量标准具有数量上的固有不确定性，我们通过比较分析来研究重要性数量标准的不确定性影响管理层和审计师之间的博弈均衡策略的方式。具体来说，我们将研究重要性审计程序数量标准的不确定性如何影响博弈均衡策略和审计风险。

证明（1）：通过隐微分法：$\frac{\mathrm{d}w}{\mathrm{d}\sigma_m}=-\frac{\frac{\mathrm{d}EqU}{\mathrm{d}\sigma_m}}{\frac{\mathrm{d}EqU}{\mathrm{d}w}}$

而命题 1 已证明了 $\frac{\mathrm{d}EqU}{\mathrm{d}w}\leqslant 0$。

$$\frac{\mathrm{d}EqU}{\mathrm{d}\sigma_m}=U_{wb}\frac{\mathrm{d}b}{\mathrm{d}\sigma_m}=-U_{wb}\frac{\Phi^{-1}\left(\frac{L-R}{L}\right)\sigma_m}{\alpha\sqrt{(1-\alpha)\sigma_{y|z}{}^2+\sigma_m^2}}<0$$

因此，$\frac{\mathrm{d}w}{\mathrm{d}\sigma_m}<0\Leftrightarrow L>2R$ 或 $\frac{L-R}{L}>1/2$。

此时 $L>2R$，$\frac{\mathrm{d}c_z}{\mathrm{d}\sigma_m}<0$，这表明管理层高估错报金额的选择 w，随着重要性审计程序数量标准不确定性 σ_m 的增加而减少。

$$\frac{\mathrm{d}c_z}{\mathrm{d}\sigma_m}=\frac{\partial c_z}{\partial\sigma_m}+\frac{\partial c_z}{\partial w}\frac{\mathrm{d}w}{\mathrm{d}\sigma_m}$$

$$\frac{\partial c_z}{\partial \sigma_m}=-\frac{\Phi^{-1}(\frac{L-R}{L})\sigma_m}{\alpha\sqrt{(1-\alpha)\sigma_{y|z}{}^2+\sigma_m^2}},\ \frac{\partial c_z}{\partial w}=-\frac{(1-\alpha)\delta}{\alpha}，且$$

$$\frac{\mathrm{d}w}{\mathrm{d}\sigma_m}=-\frac{-U_{wb}\frac{\Phi^{-1}(\frac{L-R}{L})\sigma_m}{\alpha\sqrt{(1-\alpha)\sigma_{y|z}{}^2+\sigma_m^2}}}{U_{ww}+U_{wb}\frac{\mathrm{d}b}{\mathrm{d}w}}=\frac{-U_{wb}\frac{\Phi^{-1}(\frac{L-R}{L})\sigma_m}{\alpha\sqrt{(1-\alpha)\sigma_{y|z}{}^2+\sigma_m^2}}}{(1-a)[U_{wb}+pl(c)]+U_{wb}\frac{(1-\alpha)\delta}{\alpha}}$$

则：

$$\frac{\partial c_z}{\partial w}\frac{\mathrm{d}w}{\mathrm{d}\sigma_m}=-\frac{(1-\alpha)}{\alpha}\frac{-U_{wb}\frac{\Phi^{-1}(\frac{L-R}{L})\sigma_m}{\alpha\sqrt{(1-\alpha)\sigma_{y|z}{}^2+\sigma_m^2}}}{(1-a)[U_{wb}+pl(c)]+U_{wb}\frac{(1-\alpha)\delta}{\alpha}}$$

$$<\frac{(1-\alpha)\delta}{\alpha}\frac{\frac{\Phi^{-1}(\frac{L-R}{L})\sigma_m}{\alpha\sqrt{(1-\alpha)\sigma_{y|z}{}^2+\sigma_m^2}}}{\frac{(1-\delta)-\pi+\alpha\delta+(1-\alpha)\delta}{\alpha}}$$

$$=\frac{(1-\alpha)\delta}{\alpha}\frac{\Phi^{-1}(\frac{L-R}{L})\sigma_m}{(1-\pi)\sqrt{(1-\alpha)\sigma_{y|z}{}^2+\sigma_m^2}}$$

因此：

$$\frac{\mathrm{d}c_z}{\mathrm{d}\sigma_m}=\frac{\partial c_z}{\partial \sigma_m}+\frac{\partial c_z}{\partial w}\frac{\mathrm{d}w}{\mathrm{d}\sigma_m}<-\frac{\Phi^{-1}(\frac{L-R}{L})\sigma_m}{\alpha\sqrt{(1-\alpha)\sigma_{y|z}{}^2+\sigma_m^2}}+$$

$$\frac{(1-\alpha)\delta}{\alpha}\frac{\Phi^{-1}(\frac{L-R}{L})\sigma_m}{(1-\pi)\sqrt{(1-\alpha)\sigma_{y|z}{}^2+\sigma_m^2}}$$

$$=-\frac{\Phi^{-1}(\frac{L-R}{L})\sigma_m}{\sqrt{(1-\alpha)\sigma_{y|z}{}^2+\sigma_m^2}}\frac{1-\pi-(1-\alpha)\delta}{\alpha(1-\pi)}$$

$$= -\frac{\Phi^{-1}(\frac{L-R}{L})\sigma_m}{\sqrt{(1-\alpha)\sigma_{y|z}{}^2+\sigma_m^2}}\frac{(1-\alpha)}{(1-\pi)} < 0$$

$$\frac{\mathrm{d}EqU}{\mathrm{d}\sigma_m} = U_{wb}\frac{\mathrm{d}b}{\mathrm{d}\sigma_m} = -U_{wb}\frac{\Phi^{-1}(\frac{L-R}{L})\sigma_m}{\alpha\sqrt{(1-\alpha)\sigma_{y|z}{}^2+\sigma_m^2}} < 0$$

因此，$\frac{\mathrm{d}w}{\mathrm{d}\sigma_m} < 0 \Leftrightarrow L > 2R$ 或 $\frac{L-R}{L} > 1/2$ 。

此时 $L > 2R$ ，$\frac{\mathrm{d}c_z}{\mathrm{d}\sigma_m} < 0$ ，这表明审计师的重要性数量评价标准 c_z ，随着重要性审计程序数量标准不确定性 σ_m 的增加而减少。命题 2 证明（1）得到了证明。

证明（2）：

同命题 2 证明（1），$\frac{\mathrm{d}w}{\mathrm{d}\sigma_m} = -\frac{\frac{\mathrm{d}EqU}{\mathrm{d}\sigma_m}}{\frac{\mathrm{d}EqU}{\mathrm{d}w}}$ ，由于 $\frac{\mathrm{d}EqU}{\mathrm{d}w} \leqslant 0$ ，而：

$$\frac{\mathrm{d}EqU}{\mathrm{d}\sigma_m} = U_{wb}\frac{\mathrm{d}b}{\mathrm{d}\sigma_m} = -U_{wb}\frac{\Phi^{-1}(\frac{L-R}{L})\sigma_m}{\alpha\sqrt{(1-\alpha)\sigma_{y|z}{}^2+\sigma_m^2}} > 0$$

因此，$\frac{\mathrm{d}w}{\mathrm{d}\sigma_m} > 0 \Leftrightarrow L < 2R$ 或 $\frac{L-R}{L} < 1/2$ 。

此时 $L < 2R$ ，$\frac{\mathrm{d}w}{\mathrm{d}\sigma_m} > 0$ ，这表明管理层高估错报金额的选择 w ，随着重要性审计程序数量标准不确定性 σ_m 的增加而增加。

同命题 2 证明（1），$\frac{\mathrm{d}c_z}{\mathrm{d}\sigma_m} = \frac{\partial c_z}{\partial \sigma_m} + \frac{\partial c_z}{\partial w}\frac{\mathrm{d}w}{\mathrm{d}\sigma_m}$ ，由于：

$$\frac{\partial c_z}{\partial w}\frac{\mathrm{d}w}{\mathrm{d}\sigma_m} = -\frac{(1-\alpha)\delta}{\alpha}\frac{-U_{wb}\frac{\Phi^{-1}(\frac{L-R}{L})\sigma_m}{\alpha\sqrt{(1-\alpha)\sigma_{y|z}{}^2+\sigma_m^2}}}{(1-\alpha)[U_{wb}+pl(c)]+U_{wb}\frac{(1-\alpha)\delta}{\alpha}}$$

$$> \frac{(1-\alpha)\delta}{\alpha} \frac{\Phi^{-1}(\frac{L-R}{L})\sigma_m}{(1-\pi)\sqrt{(1-\alpha)\sigma_{y|z}{}^2+\sigma_m^2}}$$

因此，$\frac{\mathrm{d}c_z}{\mathrm{d}\sigma_m} = \frac{\partial c_z}{\partial\sigma_m} + \frac{\partial c_z}{\partial w}\frac{\mathrm{d}w}{\mathrm{d}\sigma_m} > -\frac{\Phi^{-1}(\frac{L-R}{L})\sigma_m}{\sqrt{(1-\alpha)\sigma_{y|z}{}^2+\sigma_m^2}}\frac{(1-a)}{(1-\pi)} > 0$。

此时 $L < 2R$，$\frac{\mathrm{d}c_z}{\mathrm{d}\sigma_m} > 0$，这表明审计师的重要性数量评价标准 c_z，随着重要性审计程序数量标准不确定性 σ_m 的增加而增加。命题 2 证明（2）得到了证明。

特殊情况下，$L = 2R$ 时，同上命题 1 证明（1）所示：

$$\frac{\mathrm{d}w}{\mathrm{d}\sigma_m} = -\frac{\frac{\mathrm{d}EqU}{\mathrm{d}\sigma_m}}{\frac{\mathrm{d}EqU}{\mathrm{d}w}}$$

而 $\frac{\mathrm{d}EqU}{\mathrm{d}\sigma_m} = U_{wb}\frac{\mathrm{d}b}{\mathrm{d}\sigma_m} = -U_{wb}\frac{\Phi^{-1}(\frac{L-R}{L})\sigma_m}{\alpha\sqrt{(1-\alpha)\sigma_{y|z}{}^2+\sigma_m^2}} = 0$

因此，$\frac{\mathrm{d}w}{\mathrm{d}\sigma_m} = 0 \Leftrightarrow L = 2R$ 或 $\frac{L-R}{L} = 1/2$

$$\frac{\mathrm{d}c_z}{\mathrm{d}\sigma_m} = \frac{\partial c_z}{\partial\sigma_m} + \frac{\partial c_z}{\partial w}\frac{\mathrm{d}w}{\mathrm{d}\sigma_m}$$

$$\frac{\partial c_z}{\partial w}\frac{\mathrm{d}w}{\mathrm{d}\sigma_m} = -\frac{(1-\alpha)\delta}{\alpha}\frac{-U_{wb}\frac{\Phi^{-1}(\frac{L-R}{L})\sigma_m}{\alpha\sqrt{(1-\alpha)\sigma_{y|z}{}^2+\sigma_m^2}}}{(1-a)[U_{wb}+pl(c)]+U_{wb}\frac{(1-\alpha)\delta}{\alpha}} = 0$$

所以，$L = 2R$ 时，$\frac{\mathrm{d}c_z}{\mathrm{d}\sigma_m} = \frac{\partial c_z}{\partial\sigma_m} + \frac{\partial c_z}{\partial w}\frac{\mathrm{d}w}{\mathrm{d}\sigma_m} = \frac{\partial c_z}{\partial\sigma_m} = -\frac{\Phi^{-1}(\frac{L-R}{L})\sigma_m}{\alpha\sqrt{(1-\alpha)_{y|z}{}^2+\sigma_m^2}} = 0$。

有些学者认为目前的重要性审计程序概念较为模糊，审计师有较大的自由空间判断重要性，这会导致一些审计师在重要性判断时形成更大的偏误。同时，他们还认为更为宽松的重要性评价策略诱发管理层蓄意增加高估偏误。然而，命题 2 显示了当审计失败的成本相对于扩充审计程序的成本较大时（$L > 2R$）时，重要性数量标准不确定性的增加会引起审计师的警觉，审计师将更为谨慎地评价审计证据。

$L = 2R$ 的现象源自审计师收益结构的变化[①]。当审计师预计财务报表中存在的错报并不重大时，选择接受存在小额错报的财务业绩而不愿多费成本。而当错报接近重要性数量标准时，他发生的预期成本 L 以规避可能诱发的审计失败。因此在选择 c_z（这也意味着确定了可接受的更正后错报 $\mu_{\theta|x_z=c_z,z}$）时，审计师在 L 和 R 的基础上均衡是否接受错报或扩充审计程序的相对成本。因此，若审计师选择 $x_z = c_z$，则表示由于接受含错报的财务报表引起的预期损失（更正后的错报概率乘以常数成本 L）与扩充审计程序发生的特定成本 R 恰好相同。当 $x_z < c_z$ 时，审计师将不再扩充审计程序，而当出现更大的 x_z，审计师则需要扩充审计程序。因此，在 $x_z = c_z$ 时，重大错报更正后的概率等于常数 R/L，并且对于每次观察到的 z，审计失败概率为 R/L。

当 $L=2R$ 或 $\frac{L-R}{L}=1/2$ 时，当且仅当 $1-\Phi\left(\frac{M_z-\mu_{\theta|x_z,z}}{\sqrt{(1-\alpha)\sigma_{y|z}{}^2+\sigma_m^2}}\right)=1/2$ 时，审计师将不再区分接受含有高估错报的审计结果或扩充审计程序。这意味着审计师选择的重要性数量评价标准 c_z，由于 $1-\Phi(0)=1/2$，其等同于预期重要性数量标准的错报更正概率，即 $\mu_{\theta|x_z=c_z}=M_z$。

---

① 审计师可选择收益会导致相似的结果。例如，如果审计师预期审计失败的成本是（θ_z-m_z）L 或 $\theta_z L$，则当 C_z 按 L 减少时，L 和 R 的相对权重会影响 C_z 的选择。（θ_z-m_z）L 成本可描述为 Max [0, θ_z-m_z]。在这种情况下，审计师减少 C_z，管理层减少高估错报 w，以应对重要性水平的不确定性，而不管 L 和 R 的关系。然而，当审计师失败的成本是 $\theta_z L$ 时，那么，正如命题 2 所表明的，重要性数量标准的不确定性效果取决于 L 和 R 的相对规模。这表明审计师的成本函数在（θ_z-m_z）的非连续性在重要性程序的不确定对审计师和管理层的均衡策略的影响中，L 的规模是否有影响。

当 $L>2R$ 时，预期审计失败成本高于拒绝接受存在高估错报审计结果的成本时，审计师将更为谨慎地评价审计证据，因为他避免审计失败的动机更强。重要性审计程序数量标准的不确定性越大，重大错报更正的可能性越大，审计师越可能面对更大的审计失败风险。因此，重要性审计程序数量标准的不确定性越大，审计师越谨慎地评价审计证据。如果 $L>2R$，即 $\frac{L-R}{L}>1/2$，当 $\mu_{\theta|x_z,z}<M_z$ 时，接受财务业绩或扩充审计程序的决策选择对审计师来说没有差别。重大错报的更正概率因 c_z 和 σ_m 增加而增加。为了获取重大错报更正概率的常数 R/L，在 $x_z=c_z$ 时，错报金额 w 和外生参数 σ_m 的增加，会通过审计师的最终重要性数量标准 c_z 的相应减少得到弥补。重要性数量标准的不确定性 σ_m 对审计师的评价重要性水平 c_z 有直接影响。

另外，当 $L<2R$ 时，若 $x_z=c_z$，审计师对预期错报的更正超过预期重要性水平。重要性的不确定性将影响审计师的重要性数量评价标准 c_z 的选择，进而影响客户管理层的策略，即当 $L>2R$ 时，管理层增加高估错报，而当 $L<2R$ 时减少高估错报。

命题 2 显示了重要性不确定性的效果，取决于 L 和 R 之间的关系。我们估计 $L>2R$，是因为审计失败的预期经济后果相对于扩充审计程序的成本更大。由于潜在的投资者损失和商誉损失，审计师将面对较大的审计失败预期成本。因此，重要性不确定性的增加，会导致审计师更为谨慎地评价审计证据，以减少财务报表存在的高估错报的可能性。

审计准则中，将审计风险定义为："财务报表存在重大错报而注册会计师发表不恰当审计意见的可能性。"在我们模型中的审计风险仅是审计师接受重大错报收益的平均概率①。命题 3 描述了重要性的不确定性对审计风险的影响。

---

① 计量审计风险两种测量方法：事先和事后。大部分研究（见例子，Newman 和 Noel，1989；Patterson，1993）使用事先审计风险（证据观察前的风险），因为它与准则中提到的审计风险模型一致。事后审计风险取决于证据观察，等于表达式括号内的概率。在我们的模型中，当审计师接受该风险时，该概率未超过 R/L。与以前的研究及审计准则相一致，我们采用事前概率。

命题 3 当 $L>2R$ 时，审计风险定义为：

$$AR=\int_{-\infty}^{c_z}[1-H(0\mid x_z)]f(x_z)\mathrm{d}x_z \tag{4-19}$$

证明：

审计风险以标准正态形式表示为：

$$AR=\int_{-\infty}^{c_z}\left[1-\Phi\left(\frac{M_z-\mu_{\theta\mid x_z,z}}{\sqrt{(1-\alpha)\sigma_{y\mid z}{}^2+\sigma_m^2}}\right)\right]f(x_z)\mathrm{d}x_z \tag{4-20}$$

由于重要性数量标准的不确定性引起的审计风险总的变化是：

$$\frac{\mathrm{d}AR}{\mathrm{d}\sigma_m}=\frac{\partial AR}{\partial c_z}(\frac{\partial c_z}{\partial\sigma_m}+\frac{\partial c_z}{\partial w}\frac{\mathrm{d}w}{\mathrm{d}\sigma_m})+\frac{\partial AR}{\partial w}\frac{\mathrm{d}w}{\mathrm{d}\sigma_m}+\frac{\partial AR}{\partial\sigma_m}$$

其中 $\frac{\partial AR}{\partial\sigma_m}\left(\frac{\partial c_z}{\partial\sigma_m}+\frac{\partial c_z}{\partial w}\frac{\mathrm{d}w}{\mathrm{d}\sigma_m}\right)$ 是对 c_z 的偏导函数，$\frac{\partial AR}{\partial w}\frac{\mathrm{d}w}{\mathrm{d}\sigma_m}$ 是对 w 的偏导函数，而 $\frac{\partial AR}{\partial\sigma_m}$ 反映的是重要性数量标准的不确定性 σ_m 对审计风险 AR 的影响。

当 $L>2R$ 时，对所有的 $x_z\leqslant c_z$，$\frac{M_z-\mu_{\theta\mid x_z,z}}{\sqrt{(1-\alpha)\sigma_{y\mid z}{}^2+\sigma_m^2}}>0$

则：

$$\frac{\partial AR}{\partial\sigma_m}=\int_{-\infty}^{c_z}f(x_z)\left[\varphi\left(\frac{M_z-\mu_{\theta\mid x_z,z}}{\sqrt{(1-\alpha)\sigma_{y\mid z}{}^2+\sigma_m^2}}\right)\frac{M_z-\mu_{\theta\mid x_z,z}}{\sqrt{(1-\alpha)\sigma_{y\mid z}{}^2+\sigma_m^2}}\frac{\sigma_m}{(1-\alpha)\sigma_{y\mid z}{}^2+\sigma_m^2}\right]\mathrm{d}x_z>0$$

在命题 2 中，当 $L>2R$ 时，$\left(\frac{\partial c_z}{\partial\sigma_m}+\frac{\partial c_z}{\partial w}\frac{\mathrm{d}w}{\mathrm{d}\sigma_m}\right)<0$

$$\frac{\partial AR}{\partial c_z}(\frac{\partial c_z}{\partial\sigma_m}+\frac{\partial c_z}{\partial w}\frac{\mathrm{d}w}{\mathrm{d}\sigma_m})$$

$$= f(c_z)\left[1 - \Phi\left(\frac{M_z - \mu_{\theta|c_z,z}}{\sqrt{(1-\alpha)\sigma_{y|z}{}^2 + \sigma_m^2}}\right)\right]\left(\frac{\partial c_z}{\partial \sigma_m} + \frac{\partial c_z}{\partial w}\frac{\mathrm{d}w}{\mathrm{d}\sigma_m}\right)$$

$$= f(c_z)\,\frac{R}{L}\left(\frac{\partial c_z}{\partial \sigma_m} + \frac{\partial c_z}{\partial w}\frac{\mathrm{d}w}{\mathrm{d}\sigma_m}\right) < 0$$

$$\frac{\partial AR}{\partial w}\frac{\mathrm{d}w}{\mathrm{d}\sigma_m} = \int_{-\infty}^{c_z} f(x_z)\left[-\phi\left(\frac{M_z - \mu_{\theta|x_z,z}}{\sqrt{(1-\alpha)\sigma_{y|z}{}^2 + \sigma_m^2}}\right)\right]$$

$$\mathrm{d}x_z \frac{-(1-\alpha)\delta}{\sqrt{(1-\alpha)\sigma_{y|z}{}^2 + \sigma_m^2}}\frac{\mathrm{d}w}{\mathrm{d}\sigma_m} +$$

$$\int_{-\infty}^{c_z} f(x_z)\left[\varphi\left(\frac{M_z - \mu_{\theta|x_z,z}}{\sqrt{(1-\alpha)\sigma_{y|z}{}^2 + \sigma_m^2}}\right)\right]\mathrm{d}x_z \frac{\alpha\delta}{\sqrt{(1-\alpha)\sigma_{y|z}{}^2 + \sigma_m^2}}$$

$$\frac{\mathrm{d}\omega}{\mathrm{d}\sigma_m} - f(c_z)\,\frac{R}{L}\frac{\mathrm{d}\omega}{\mathrm{d}\sigma_m} = \int_{-\infty}^{c_z} f(x_z)\left[\varphi\left(\frac{M_z - \mu_{\theta|x_z,z}}{\sqrt{(1-\alpha)\sigma_{y|z}{}^2 + \sigma_m^2}}\right)\right]$$

$$\mathrm{d}x_z \frac{\delta}{\sqrt{(1-\alpha)\sigma_{y|z}{}^2 + \sigma_m^2}}\frac{\mathrm{d}\omega}{\mathrm{d}\sigma_m} - f(c_z)\,\frac{R}{L}\frac{\mathrm{d}\omega}{\mathrm{d}\sigma_m} < \text{or} > 0$$

上述证明表明，当 $L > 2R$ 时，审计师重要性水平的降低将减少审计风险，而管理层高估错报对审计风险影响的效果却是不定的。另外，对于给定的 c_z 和 w，增加重要性的不确定性 σ_m，将会增加审计风险。正如在上述公式中所反映的，我们通过对重要性的不确定性的分解，无法预测其对审计风险影响的净效果①。

命题 3 也反映了重要性审计程序数量标准的不确定性对审计师的预期收益的影响。重要性数量标准的不确定性通常以相反的方式间接影响审计风险和扩充程序的概率。例如，当重要性审计程序水平降低时，审计风险的 L 倍降低抵补了扩充审计程序概率边际增加的 R 倍。然而，重要性的不确定性的直接影响仅改变了审计风险，并且我们知道重要性数量标准的不确定性增加了审计风险（减少了审计师的预期收益）。

---

① 当 $L<2R$ 时，审计风险中对变化的分析结果也是模糊的。在这种情况下，由于直接效果，我们不能确定审计风险怎样变化，也不能发现一个数字性的案例，该案例能说明在 $L<2R$ 时，审计风险降低。

审计师通过财务业绩来确定初始重要性审计程序水平，$M = \pi z$。当财务业绩增加时，初始重要性审计程序水平也会增加。审计准则要求当重要性金额增加时，审计师将增加审计证据的收集和评价。然而，命题4表明我们的博弈策略可能发生反向变动。

命题4　当客户财务业绩 z 增加时：

（1）当且仅当存在下列情况时，审计师的重要性数量评价标准 c_z 降低。

$$\sigma_e^2 > \frac{\pi\sigma_x^2\sigma_y^2}{(1-\pi)\sigma_x^2 - \pi\sigma_y^2} \text{ 且 } (1-\pi)\sigma_x^2 > \pi\sigma_y^2$$

（2）管理层的高估错报 w 未发生变化。

证明：在命题1第一部分中，$c_z = az + b$，则 $\frac{dc_z}{dz} = a$

而：

$$a = \frac{\pi(\sigma_y^2\sigma_e^2 + \sigma_x^2\sigma_e^2 + \sigma_x^2\sigma_y^2) - \sigma_x^2\sigma_e^2}{\sigma_y^2\sigma_e^2}$$

其中：

$$\pi(\sigma_y^2\sigma_e^2 + \sigma_x^2\sigma_e^2 + \sigma_x^2\sigma_y^2) - \sigma_x^2\sigma_e^2 = \sigma_e^2[\pi\sigma_y^2 - (1-\pi)\sigma_x^2] + \pi\sigma_x^2\sigma_y^2$$

因此：$a < 0 \Leftrightarrow \sigma_e^2 > \frac{\pi\sigma_x^2\sigma_y^2}{(1-\pi)\sigma_x^2 - \pi\sigma_y^2}$ 且 $(1-\pi)\sigma_x^2 - \pi\sigma_y^2 > 0$

命题4（1）中的条件取决于变量 σ_e^2 与重要性百分比 π，以及审计证据的准确性与客户真实财务业绩之间的关系。如果 σ_e^2 较大而重要性百分比 π 较小，则 $(1-\pi)\sigma_x{}^2 > \pi\sigma_y{}^2$，则财务业绩的增加提高了出现重大错误的概率，审计师的重要性数量评价标准 c_z 降低。

综上所述，本书构建了一动态博弈均衡模型，探讨职业界是否应提供统一的重要性数量标准。研究认为：①审计师的重要性数量标准的评价与客户财务业绩线性相关，审计师通过对客户的错报金额按比例分配重要性水平，以应对客户管理层的蓄意错报，而客户管理层通过蓄意错报获取最大收益；②当审计失败成本远大于扩充审计程序成本时，审计师重要性数量评价标准和客户管理层错报金额会随着重要性数量标准的不确定性增加而减少，反之亦然；③重要性数量标准的不确定性对审计风险的影响是无法估量的；④客户财务业绩的增加会影响初始重要性数量标准的增加，未必导致重要性数量评价标准的增加。

第二节　重要性审计程序的性质标准

长期以来，职业界一直力图量化重要性审计程序的数量标准，而对影响重要性审计程序判断的性质标准却是忽略的。例如，1998 年 9 月 28 日，当时的美国 SEC 主席 Arthor Levitt 对纽约大学法律金融中心发表了题为“数学游戏”的演讲，提出了五种创造性会计手法滥用盈余管理的手段，分别是巨额冲销、创造性并购会计、饼干罐储备、重要性和收入确认。一些往往利用重要性的“经验规则（Rule of Thumb）”①，在处理各个不重要的小额项目时拉伸公认会计原则的弹性极限，以此滥用盈余管理。影响重要性判断的性质标准，按照审计准则的定义，是指数量上不重要的错报在性质上有可能是重要的。这种性质标准的定义似乎意味着一种补充，即除了数量上重大的错报，以及由舞弊审计准则规范的舞弊行为外，一些由量变引起质变的小额错报行为也是重要的。我们将首先介绍影响重要性审计程序判断的性质标准的现实考虑，在此基础上介绍现有审计准则的具体选择。

一、影响重要性审计程序判断的性质标准应注意的问题

（一）考虑重要性性质标准的复杂性

考虑重要性审计程序性质标准的特殊性在于其不能像物质产品一样可

① 从实践和惯例来看，在判断一个项目是否重要时，经常会用到经验规则。审计师往往会主观认为：在不存在内部交易或高层管理人员挪用等异常情况下，项目误报或漏报在5%临界值范围内，都不属于重要项目。

通过产品的形状、重量、寿命、成色等物理、化学或几何特性来显示，也不能像重要性的数量标准直接为审计师所感受。由于审计师评价性质标准的主观性，不同审计师对同一事项的评价由于其认识不一而可能相差很大。

性质标准的复杂性还体现在：影响信息使用者决策的变量有的是确定的且易于观察的变量，有些则是模糊的。对于前者我们可以在审计准则中以举例的方式列式，而对于后者却无法在准则中明示，控制这类因素导致的审计风险，审计师只能凭借其审计经验予以适度克服。

（二）考虑重要性性质标准的可行性

尽管审计准则要求审计师在重要性判断时可能考虑性质标准，周全的罗列需要考虑的性质标准无疑是很困难的，但我们仍有理由相信这种考虑在一定的范围内是可行的，理由在于：

（1）对重要性审计程序性质标准的评价尽管是主观评价，但这种主观评价是以客观事实为基础的。审计师终极的、客观的重要性评价标准是会计信息错报的严重程度有没有可能影响会计信息使用者的经济决策。

（2）尽管不同的人或从不同的角度客观处置重要性判断的性质标准有可能不同，但他们意见的一致性在很大程度上是可以协调的，根本原因是他们的利益在很大程度上是一致的，“看不见的手”机制会使这种一致性得以实现和提高。例如，审计师应兼顾长远利益，选择的重要性性质标准应考虑会计信息的一般使用者的要求。被审计单位管理层要使其企业价值提高及自身利益最大化，应考虑一般信息使用者的需求。

科学研究的历史表明，许多看似模糊的事物，等人们对它的规律有了比较深入的认识后，模糊性就会逐步消失。伽利略之前，人们对速度的概念就很模糊，而现在汽车速度表上的计数是谁都能明白的。关于对重要性审计程序性质标准的研究，我们也希望它达到客观、公允的境界。

二、重要性审计程序性质标准的具体选择

早期中外审计准则，虽然都认为审计师应考虑性质标准，但并没有说明应考虑哪些性质标准。1983 年 AICPA 的 SAS No. 47《审计业务中的审计风险与重要性》，1987 年 IAPC 的 IAG25《重要性和审计风险》，以及 1997 年我国的《独立审计具体准则第 10 号——重要性审计程序》都属于这种情况。如张龙平、陈建明（1997）列示的性质标准包括：①涉及舞弊或违法行为的金额，通常被认为比相同金额的非故意差错更为重要；②金额小的错报因可能涉及有关法律责任后果而可能成为重要错报；③金额并不重要的错报，因影响到客户的赢利趋势而可能成为重要错报。

为解决重要性标准在应用中的混淆不清甚至误用滥用，最简单的办法似乎是公布一套涵盖各种情况的、定量的重要性指南。在过去相当长的时间内，审计职业界过于沉溺于相对量的百分比数字，考虑重要性审计程序时往往只注重数量标准而忽略性质标准。有些企业利用审计师常用的重要性标准，在处理各个不重要的小额项目时拉伸公认会计准则的弹性极限，以掩饰盈余管理，帮助企业达到财务分析师的预期值。针对这种情况，SEC 在 1999 年 8 月以会计职员公告的形式发布《重要性公告》（即 SAB99）。SAB99 并不否定职业界运用具体百分比对重要性进行初步判断，但强调重要性的判断必须站在会计信息使用者的立场上考虑综合因素进行具体分析。其主要内容如下：①强调了数量标准与性质标准并重的观点。SAB 列举了一些将导致数量上较小的错报或漏报在性质上达到重要性的情况，包括：帮助实现预期盈余（Earning Expectation）的差错；改变收益趋势的差错；达到扭亏为盈或者相反目的的差错；重要分部或业务发生的差错；实现管理者报酬（如股票期权）的差错；隐藏非法交易的差错。②要求在判断时应考虑管理层的意图，即使差错金额微不足道，但如果出于管理层的盈余管理动机，则应当作为重大差错对待。③在对待各报表项目的差错金额能否累计抵消的问题上，SEC 持否定态度，认为分别各项目的错报或漏报、有关项目错报或漏报的小计、所有项目错报或漏报的汇总，要

统统考虑，不应相互抵减或抵消。④具体项目的重要性水平还取决于该项目能够精确计量的程度。能够精确计量的项目（例如应付账款）与存在不确定性的项目（例如或有负债）相比，可以容忍的错报或漏报的程度更低。

虽然 SAB99 不是正式的会计规则，但一经发布便受到法庭的广泛支持。审计准则制定机制面临监管的压力迅速作出反应，在 SAB99 发布不久，AICPA 在借鉴 SAB99 的基础上相应对 SAS No. 47 作了修订和完善。SAS No. 47 列举的审计人员应关注的性质标准，包括：①错报对趋势、特别是收益趋势的潜在影响；②错报是否将损失变为收益，或将收益变为损失；③错报对部门信息的影响；④错报对被审计单位符合贷款条款、其他契约协议和规章条款的潜在影响；⑤现有的法律或法规对重要性门槛的影响；⑥错报是否导致管理层的报酬增加（例如，导致分红奖励或激励性补偿的要求得以满足的错报）；⑦错报发生环境的敏感程度（例如，涉及舞弊和可能的非法行为、违反合同条款和利益冲突的错报）；⑧受错报影响的财务报表要素的重要性；⑨分类错误的影响（例如，营业收入与非营业收入的分类错误）；⑩与已知报表使用者相关的错报或披露的重要性（例如，赢利与每股赢利对上市公司投资者，以及权益金额对私企债权人的重要性；计算转移赢利的购买价格所产生错报的扩大影响；与期望相比较时，赢利发生错报的影响）；⑪错报的可靠性的性质（例如，一项可以客观确定的错误的精确程度与不可避免在估计、分配过程中涉及一定程度的主观性和不确定性的错报）；⑫管理层对于错报的动机（例如，在作出会计估计并计算其累计影响时管理层可能存在偏见的暗示；管理层在财务报告过程中持续的不愿意更正缺陷而造成的错报）；⑬不同的单个重大错报之间相互抵消的影响；⑭错报在当期不重要，但可能由于若干期的累积，对以后期间有重大影响；⑮更正错报的成本（对于一些客户来说，建立一个系统以计算记录非重大错报影响为基础可能是不符合成本效益原则的；另外，如果管理层已经建立系统以计算代表非重大错报的金额，这就可能反映管理层舞弊的动机）；⑯其他潜在的未发现错报可能对审计人员的评价产生影响的可能性。2007 年 7 月 SAS No. 107 正式取代 SAS No. 47，仍保留上述 16 款性质标准。

在我国 2006 年“中国注册会计师审计准则第 1221 号——重要性”并没有说明审计人员应考虑的性质标准，而在相应的审计准则指南中，列举了一些具体的选择，如：①错报对遵守法律法规要求的影响程度；②错报对遵守债务合同或其他合同要求的影响程度；③错报掩盖收益或其他趋势变化的程度，尤其在联系宏观经济背景和行业状况考虑时；④错报对用于评价被审计单位财务状况、经营成果或现金流量的比率的影响程度；⑤错报对财务报表中列报的分部信息的影响程度（例如，错报事项对分部或被审计单位其他经营部分的重要程度，这些分部或经营部分对被审计单位的经营或盈利有重大影响）；⑥错报对增加管理层报酬的影响程度（例如，通过确信满足了有关奖金或其他激励措施的要求，而增加管理层报酬）；⑦错报对某些账户余额之间错误分类的影响程度，这些账户余额将影响财务报表中应单独披露的项目（例如，经营收益和非经营收益之间的错误分类）；⑧错报对有关注册会计师了解以前同报表使用者所作沟通（如赢利预测）的重要程度；⑨错报与涉及特定方项目相关的程度（例如，交易的外部当事人是否与被审计单位管理层的成员有关联）；⑩错报对信息漏报的影响程度，适用的会计准则和相关会计制度并未对该信息作出具体要求，但是注册会计师运用职业判断，认为该信息对报表使用者了解被审计单位的财务状况、经营成果或现金流量很重要；⑪错报对其他信息的影响程度，这些信息将在包括已审财务报表在内的、合理预期会影响报表使用者经济决策的文件中传达。

综上所述，我们发现几乎所有的审计准则都认为审计师在重要性判断时应同时考虑数量标准与性质标准，而不应忽略性质标准。多数审计准则选择以罗列的方式列举审计师重要性判断应考虑的性质标准，笔者认为这是一种可行的且易于操作的方式，且审计准则制订机构应及时更新列举的重要性性质标准。

三、重要性审计程序的本质：合理保证

（一）合理保证的含义

合理保证是现代审计的精髓。对于合理保证，专业解释是这样的[①]：首先，现代审计是抽样审计，审计结论是基于样本总体进行推断而得出的；其次，被审计单位的内部控制存在固有局限性，管理层可能为达到某种目的而逾越内部控制；再次，审计师获取的审计证据大多数是说服性的而非结论性的证据；最后，审计过程中充斥着职业判断，重要性审计程序的计划、实施及评价离不开判断，既然是职业判断就不可能有某种必然结果。审计师不可能保证所审账项与账表不存在任何问题，没有任何差错与舞弊，一是主观上审计师无法做到，二是客观上还存在不确定性与审计成本及审计时间等限制的影响，因而审计师只能提供一种合理保证。

合理保证是对现代审计的高度抽象，审计过程是一个充斥审计判断、审计师内心信念不断改变的迭代过程，审计师内心信念的改变是重要性审计程序在审计实施过程中不断修正的结果。重要性审计程序是这一判断过程的支撑与基础，这一支撑与基础所提供的程度如何，就是“合理保证”的精要所在。

（二）缩小审计期望差与重要性审计程序的现实性

关于审计期望差的含义，归纳起来，主要有三种代表性的观点：

第一种观点认为审计期望差是审计师和社会公众对审计期望的业绩水平之间的差异。持该观点的有 Liggio（1974）、Monroe 与 Woodliff（1993）。Liggio（1974）首次提出审计期望差概念，将其定义为：独立审计师和财务报表使用者所预想的期望业绩水平之间的差异。Liggio 认为，如果职业界不采取措施来缩小审计期望差，会计职业界将面临越来越多的诉讼和批

① 谢盛纹．审计证据理论［M］．武汉：中南财经政法大学博士论文，2005.

评。科恩委员会（即审计责任委员会，1978）扩展了这个定义，认为期望差应该考虑公众期望或需要审计师完成的与审计师应当被合理期望完成之间的差异（刘明辉，2006）。可见其是将 Liggio 定义的期望差按合理性进行了划分。Monroe 与 Woodliff（1993）将期望差定义为：审计师和社会公众对审计师承担的责任和义务以及审计报告所传递的信息所持的不同观点。

第二种观点认为审计期望差是社会公众对审计职业界的期望与审计职业界实际提供的之间的差异。持该观点的有 Jennings 等（1993）、储民宏、陈红铃等。如储民宏将审计期望差定义为：社会公众对注册会计师审计责任的认识与法律和职业现实之间的差异（储民宏，1998）。陈红铃将审计期望差定义为公众对审计期望应发挥的作用与审计实际所发生的作用之间的差距（陈红铃，2001）。

第三种观点是社会公众对审计的需求与公众对目前审计执业认识之间存在的差距。持该观点的有 Porter（1993）、加拿大特许会计师协会下设的麦克唐纳委员会等。Porter（1993）将审计期望差定义：社会公众对审计师业绩认识知识的差异。它包括两部分：①合理差距（即社会公众期望审计师完成的与审计师被合理期望完成之间的差异）；②业绩差距（即社会公众期望审计师完成的与审计师被观察到完成之间的差异）。1988 年，加拿大的麦克唐纳委员会提交了期望差距的构成要素，见图 4－1①。

比较上述定义，我们认为第一种观点对期望差的定义即为图 4－1 中 A 轴到 C 轴的部分，第二种观点对期望差的定义即为图 4－1 中 A 轴到 D 轴的部分，而第三种观点才全部包括了从 A 轴到 E 轴的部分。因此，我们认为麦克唐纳委员会对审计期望差定义的描述较为全面，即审计期望差是公众对审计的期望与公众对目前审计执业的认识之间的差异，它包括四部分：不合理的期望、合理的期望、实际执业的缺陷、由于不现实的认识形

① 图 4－1 中，纵轴 A 代表公众对审计的需求，纵轴 B 代表审计人员理论上可以实现的期望水平，纵轴 C 代表现有审计准则要求实现的期望水平，纵轴 D 代表审计人员目前实现的期望水平，纵轴 E 代表公众认为目前审计人员实现的期望水平，各纵轴之间的距离代表期望差距的具体要素。

成的执业缺陷。

其中，澳洲学者 Porter、加拿大的麦克唐纳委员会对审计期望差的细化分析，明确了审计准则缺陷差距的概念。当公众和管制机构认为审计准则为上市公司审计提供了不恰当的指导时，准则就存在缺陷。在有缺陷的准则规范下，即使审计师完全遵循审计准则，也不能达到公众的合理期望要求，因此导致了期望差距的产生。职业界始终都不愿意积极地承担查找舞弊的责任，而将其作为审计财务报表公允性的一个附属产品，这使得社会对审计师职责的合理期望和现行审计准则、法律以及其他法规所定义的审计职责可能会不同，这两者之间的差距即为审计准则缺陷差距。

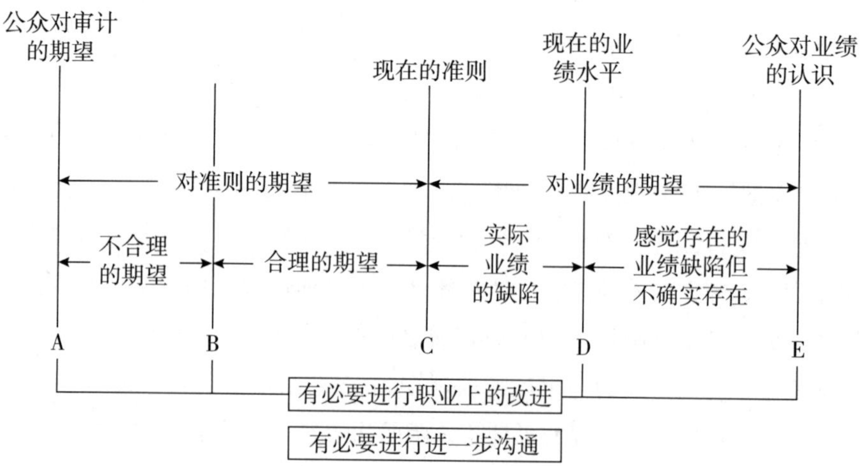

图 4－1　麦克唐纳委员会对审计期望差距构成要素的分析

（三）重要性审计程序的本质是合理保证

在详细审计中，需要对具体账项记录的“正确性”或“准确性”进行确认。审计师必须确定所有收入与费用；确定所有现金收支；对所有过账及合计进行检查；检查所有原始分录簿；检查有关支出、费用、采购、工资支付等有关凭证。审计的目的被认为包括两个方面：一是全面审查，确定某一期间终了时被审计单位的资产及负债状况及该期间内经营成果，对账簿记录的准确性或正确性进行整体证明或证误；二是对经营管理人员履行经济资源的受托责任的免责（或者只是简单的防止欺诈）。在这种背景下，重要性审计程序并没有其生存的根基。

现代审计的目标是对被审计单位财务报表的公允性发表审计意见，对被审报表是否存在重大错弊、被审报表是否公允地表达了被审计单位的财务状况、财务业绩和现金流量发表意见。审计自身的方法与技术也发生了巨大变化，最明显的是由以前的详细审计发展为抽样审计，由经验判断抽样发展为统计抽样，或两种抽样方法相结合的方法。这种方法与技术上的转变，使得详细审计方法所蕴涵的审计目标与审计技术简单明了的逻辑关系也荡然无存。审计师运用重要性审计程序概念，确定审计抽样技术和审计证据的选择，通过重要性概念评价审计剩余风险，重要性审计程序只能提供一种适当的也就是合理的保证。而信息使用者需求的期望与审计师的行为结果之间是存在差距的，这就是期望差的问题，由此也引出了审计师所能提供的保证问题。

以合理保证观作为重要性审计程序实施的机理，对于审计职业界、对于信息使用者都是大有益处的，否则信息使用者的无限满足、审计意见的绝对保证会导致审计职业的生存出现危机（张建军，1997）。正如 R. J. 安德林指出的，“……合理保证水平必须依赖察觉到的假定错报的风险”（转引自张建军，1997）。

本书剖析合理保证，可以深化对重要性审计程序的认识：一方面，由于审计中的合理保证本身就是一个主观判断的结果，没有一个客观的标准。这本身与审计程序的可选择性以及职业判断的灵活性是相关的。对于同一个事项和交易，审计师在不同的时间和空间内都可能产生不同的结果，可能存在偏差。因此，当审计师进行重要性审计程序判断，就报告主体的财务报表是否公允地表达了该主体的财务状况和经营业绩发表意见时，在很大程度上依赖于审计师主观上的职业判断，是不可能通过数学公式来定量表达的。另一方面，审计职业界不愿意接受更高标准的合理保证界定（如法律界的观点），是由于社会经济环境的多变性，以及会计师事务所及审计师是需要赢利的经营实体这一现状，使得审计师只能在其成本能够弥补的情况下，提供审计服务，审计师所确定的重要性审计程序水平以及可以提供的合理保证，可能会异于社会公众的审计期望差。

第三节 本章小结

本章首先从用户需求观或投资者保护观研究重要性审计程序的目标定位，对重要性审计程序的概念进行解读，并辨析了与会计重要性和法律重要性等相关概念的差别，阐述了影响重要性审计程序判断的数量标准和性质标准。针对审计准则制定机构是否应提出统一的重要性数量标准，首先介绍了实务中重要性审计程序判断自发形成的经验规则，并通过博弈的方法，论证如果提供统一的数量标准，会诱发客户管理层的盈余管理动机，导致审计失败的可能性增加。在分析影响重要性判断的性质标准时，认为性质标准应与数量标准并重，审计师不应忽略性质标准，并列举了性质标准的具体选择；认为重要性审计程序的本质是通过与审计技术的融合，为财务报表的可信性提供合理保证，缩小信息使用者的期望差。

第五章　重要性审计程序使用情况的调查与分析

由于目前审计师重要性判断的选择尚未在审计报告中明确地披露，我们无法直接获取审计师重要性判断的依据和方法，只能通过审计师意见类型的不同及相关影响因素来进行考察，来探究隐含在审计意见中的审计师重要性判断问题。本章将利用我国上市公司财务数据，采用经验研究方法，对我国审计师重要性判断的一致性及其影响因素进行检验。

第一节　文献回顾与研究假设

一、文献回顾

（一）国外研究现状

重要性审计程序判断缺乏客观的、统一的外部标准来衡量其结论的准确性，审计准则需要审计师依靠自身的经验、知识和能力作出专业判断存在很大的主观性。对同一类事项，不同审计师的认识不同，确定的重要性水平就会有所差异。审计师也可能因同样大小的错报确定不同的重要性水平，而出具不同的审计意见类型。因此，多个审计师的意见一致性成为评价审计师重要性判断质量的最常用的标准。莫茨和夏拉夫（1969）认为评价谨慎者的判断和行为的合理性时，一般的检验标准是拥有共同知识的理性人所采取的措施。Pattillo（1976）（转引自 Hojskovl，1998）调查研究了不同群体对重要性审计程序判断的一致性问题，研究显示，在下列5种群体中：500强的经理人、银行、财务分析师、审计师和会计学者，不同的群体对重要性的估计有着显著的差异。以净收益为例，其均值的变动区间为5.2%～8.3%。其中财务分析师的均值水平是最低的，公司经理人的均值水平最高。在同一群体内部，对重要性水平的估计的一致性也呈现明显的差异，相对于财务报表外部使用者，公司经理人对重要性水平阈值点的估计一致性较高。同时，Pattillo还发现所判断事项的性质、判断事项与净收益的相关性以及判断事项本身的绝对规模是影响参与者决策的最重要的因素。Firth（1979）的研究则表明审计师对重要性水平的估计界于外部使用者和财务报表提供者之间。虽然审计师在审计过程中确定的财务报表层次和各类交易、账户余额、列报认定的具体重要性水平是不可观察的，审计师应用的谨慎程度的标准应参照在类似的情况下其他审计师的谨慎程度。通过比较不同审计师在类似环境下出具的审计意见类型可以推测审计师在确定重要性审计程序水平上的差异和高低，并可以作为事后衡量审计质量以及判断审计责任的法律依据。例如法庭在对审计师的过失责任进行认定时，往往通过审计师对重要性的确定来衡量其在执业过程中是否保持了应有的谨慎。因此，重要性审计程序判断的一致性不仅可作为衡量审计质量的重要标准，也可以作为衡量单个审计师审计风险的重要依据，单个审计师偏离一致性的程度越高，审计风险越大。

就重要性判断的影响因素而言，已有研究的结果表明影响审计师判断最重要的因素是收益及其变动的大小，包括净利润、来自经营性项目的税后利润、每股收益（EPS）、净资产收益率等指标，同时研究者大都选择从某一具有项目导致的收益变动来考察重要性水平的阈值点，如存货减值项目、未决诉讼项目、累计折旧的变化、固定资产使用年限变化、会计政策变化、非经常性项目规模等。通过这些实证结果，研究者普遍认为当这些项目导致的税后净收益变动在10%以上则表明是重大的，当收益的变动低于4%～5%则表明是不重大的，这两点之间是一种灰色地带。研究还发现规模大的事务所确定的重要性水平要高于规模较小的事务所。除了收益之外，其他判断影响因素还包括：股份变动、公司规模、股票系统风险（β）、行业性质、审计师是否为“N 大”、事务所结构、审计责任的大小等。但这些因素在重要性审计程序判断中的解释能力较弱，同时结论更为复杂，并没有得出完全一致的结论（Holstrum 和 Messier，1982；Chewning 等，1989；Icerman 和 Hillison，1991；Libby 和 Kinney，2000；Dezoort 等，2003）。上述这些研究的主要缺陷是主要针对个别事项的重要性判断进行检验，不具有普遍性。Blokdijk 等（2003）运用线性回归模型对重要性审计程序的多个影响因素同时进行了考察，他们发现审计客户的规模、内部控制质量、资产回报率大小、审计业务复杂性及审计师规模都是影响重要性审计程序判断的因素，并且与以往研究结论不同的是他们发现在同等条件下“五大”所确定的重要性水平要低于非“五大”。

（二）国内研究现状

相对于国外的研究，国内研究在该领域主要还是以规范性研究为主，实证研究的数量非常少，王英姿（2000）采用案例分析的方法，以我国上市公司 2000 年年报为样本，对审计师出具不同审计意见类型时的判断差异进行了分析，作者主要采用利润总额、资产总额、主营业务收入三个指标，通过计算审计意见说明段中披露的说明事项金额占这三个指标的比例来比较不同注册会计师在重要性水平判断方面的差异，结果认为我国注册会计师对不同意见类型重要性审计程序的判断有较大差异。张晓岚等（2006）以我国 2003 年和 2004 年被出具持续经营审计意见的所有 A 股上市公司为样本，选择了 9 个代表企业持续经营能力状况的财务指标，比较分析了不同意见类型在这 9 个指标上的差异状况，研究结果显示：在同一类审计意见类型中，上市公司存在明显差异；上市公司持续经营能力并不存在显著差异，但却被出具了不同类型的审计意见，表明审计师在持续经营审计判断中存在严重偏误。张晓岚等（2006）以同样的样本，选择了样本公司被出具的、发生频率较高的11种重大疑虑事项，并转换为11个财务指标和1个“发生事项数量”指标，考察不同意见类型在这12个指标上的判断差异情况，结果认为审计师以重大疑虑事项为主要判断依据实施的重要性审计程序判断存在显著差异。后面这两篇文献的特点都是运用描述性统计和不同意见类型两两比较的单变量分析方法。这两种方法尽管可以在一定程度上提示出审计意见类型的审计判断差异情况，但现实中，审计意见是对多种因素的一种综合判断行为，考虑多因素的共同作用所得到的结果相对来说更为可靠，也可获得有关不同因素在审计师重要性判断行为影响上的比较信息。虽然张晓岚等（2006）应用了二分类的Logit模型对强调无保留意见与无法表示意见二者之间的影响因素差异进行了回归分析，但这种分析并没有拓展到全部的审计意见类型，因此是不完全的。此外，在“审计意见变通”研究领域也间接涉及不同意见类型的重要性判断差异问题，但通常也仅限于两种意见类型之间，如有说明段和无说明段、带强调段的无保留意见和保留意见等（孙铮和王跃堂，1996；王跃堂和陈世敏，2001；李爽和吴溪，2003）。

二、研究背景及研究假设

（一）研究背景

审计师需要根据错报金额或审计范围受到限制的影响与重要性水平进行比较，以判断出具审计意见的类型（中国注册会计师协会，2012）。根据2006年2月15日修订的《中国注册会计师审计准则第1501号——审计报告》，我国审计意见类型分为标准意见和非标准意见，非标准意见审计是除了标准意见外的其他类型审计意见，包括带强调事项段的无保留意见和非无保留意见。非无保留意见包括保留意见、否定意见和无法表示意见。错报金额或审计范围受到限制与审计意见类型的关系如表5－1所示。因此，我们可以通过识别影响非标准意见的因素来识别影响重要性判断的因素，并确定不同审计师重要性判断的一致程度。

表 5－1　　审计意见决策表

对财务报表的影响程度 / 意见类 / 导致非无保留意见的事	重要	重要且广
错报金	保留意见	否定意见
审计范围受到限制	保留意见	无法表示意见

持续经营假设，是指被审计单位在编制财务报表时，假定其经营活动在可预见的将来会继续下去，不拟也不必终止经营或破产清算，可以在正常的经营过程中变现资产、清偿债务。审计师的责任是评价被审计单位按照持续经营假设编制财务报表的合理性，并考虑是否需要提请管理当局在财务报表中披露持续经营能力的重大不确定性。如果被审计单位存在对其持续经营能力产生重大影响的情况，但已在财务报表中进行充分披露，审计师应当在审计报告的意见段后增列强调事项段，对持续经营不再合理的疑虑予以说明；如果被审计单位未在财务报表中进行充分披露，审计师应当发表保留意见或否定意见；如果认为被审计单位在可预见的将来无法持续经营，继续运用持续经营假设编制财务报表将对信息使用者产生严重误导，审计师应当发表保留意见或否定意见的审计报告。如果管理层未按照审计师的要求对持续经营能力作出初步评估，审计师应将其视为审计范围受到限制，考虑出具保留意见或无法表示意见的审计报告。

综合国内外对重要性审计程序判断的研究，研究者对重要性审计程序的影响因素或者说重要性的判断事项、重要性水平的阈值点以及判断一致性都进行了研究。关于重要性判断的影响因素研究所涉及的因素也比较广泛，从最初的财务报表项目、客户风险特征变量发展到审计程序以外的其他因素如审计独立性因素都进行了考察。重要性水平阈值点的研究则审计师的判断并没有统一、明确的界限，而是处于两端的两个区间范围，分别代表“重大”和“不重大”，中间则是一片“灰色”的区域。这些都证明了现实中重要性审计程序判断的影响因素以及重要性水平的确定是非常复杂的，这种复杂性必然会加大审计师选择审计意见时的决策维度，削弱重要性审计程序判断决策的一致性。但在一定的法律及市场约束机制下，审计师在某些重要因素上将取得较为一致的判断结果，并在不同的审计意见类型间体现出一定的重要性水平差异。但我国审计师会在哪些具体因素上取得共识，则是一个实证问题。

我们推断我国审计师在选择出具不同意见类型的非标准审计意见时具有以下行为特征：①审计师针对不同性质的非标意见的判断依据会有所差异，非持续经营非标意见将更多地依据财务报表错报风险及独立性风险类因素，持续经营意见将更多地依据经营风险类因素；②审计师确定的重要性水平与财务报表错报风险、客户经营风险、独立性风险相关，财务报表错报风险及经营风险越高，所确定的重要性水平越高，越容易出现更为缓和的审计意见类型；③不同审计意见类型之间其重要性水平存在差异，这种差异在两个极端点——无保留加强调段和无法表示意见之间较为明显，位于其间的意见类型与其他类型的差异则比较模糊。我们在以下的实证研究中将对这些行为特征进行检验。

（二）研究假设

财务报表本身的质量是审计意见的重要影响因素。国外有研究表明源于财务报表中的错弊事项比客户经营破产所引发的对审计师的诉讼要普遍得多，而且后果更为严重（Carcello 和 Palmrose，1994；Bonner，Palmrose 和 Young，1998）。《中国审计准则第 1211 号——了解被审计单位及其环境并评估重大错报风险》列举了六类可能导致财务报表重大错报的风险因素：①被审计单位所处的行业状况、法律环境与监管环境以及其他外部因素；②被审计单位的性质，包括公司的所有权结构、治理结构、经营活动、投资活动及筹资活动；③被审计单位对会计政策的选择和运用；④被审计单位的目标、战略以及相关经营风险；⑤被审计单位财务业绩的衡量和评价；⑥被审计单位的内部控制；并总结了其中包括的可能表明被审计单位存在重大错报风险的二十八种具体的事项和情况。概括地看，这些错报风险广泛涉及了客户经营环境因素、公司治理结构及内部控制因素、特殊项目（或者说高风险项目）中的认定风险因素（交易类别、账户余额、列报）三个方面，并分别与财务报表层次或（和）认定层次的错报相联系。因而，我们分别提出假设1和假设2如下：

假设1　同等条件下，上市公司的个别认定层次风险和年报与被出具非标准意见及非持续经营意见的可能性正相关。

假设2　同等条件下，上市公司的财务报表层次风险和年报与被出具非标准意见及非持续经营意见的可能性正相关。

客户经营风险是指易导致公司短期或长期经济状况发生恶化的风险（Johnstone，2000）。首先，客户的经营风险相应地会增加审计风险。发生经营风险的公司往往更容易操纵财务报告，Kineey，Mcdaniel（1989）注意到处于虚弱财务状况中的公司管理者更可能粉饰财务报表，并伪装成暂时性的财务困难。同时，客户的经营风险与其持续经营能力密切关联，经营风险越大，表明客户越容易陷入持续经营困境；其次，客户经营风险越大，风险暴露的可能性增加，审计意见行为越容易受到公司关注及质疑，导致固有风险增加。因而，客户经营风险越大，审计师越容易出具非标准意见。因此，我们提出了假设3：

假设3　同等条件下，上市公司的客户经营风险和年报与被出具非标准意见及非持续经营的可能性正相关。

Karla等（2001）对客户财务主管和事务所合伙人的调查问卷显示，损害审计师独立性的两个最主要的因素是“合伙人的收入取决于保留某个特定的被审计单位”和“会计师事务所总收入的10%或以上来自于某个特定的被审计单位”，某个客户越重要，审计师对其经济依赖性越大，这将有损审计独立性。因此，我们提出假设4如下：

假设4　同等条件下，上市公司的独立性风险和年报与被出具非标准意见及非持续经营的可能性正相关。

第二节　模型介绍与研究设计

尽管将审计意见划分为标准意见和非标意见运用二分类的Logit模型也

可在一定程度上辨别不同审计意见类型的重要性判断差异，但这种将实际上存在的多种有序状况简单的二分类方法会损失大量的信息，并因此削弱解释变量对反应变量的检验效应，而使用有序的多值响应回归模型可以更有效地估计解释变量的系数。从理论上讲，审计意见按照不同的严重程度可以从轻到重依次划分为无保留意见、无保留加强调段、保留、否定或无法表示意见，因此，可采用有序多值响应模型进行拟合分析。Krishnan（1994）和 Krishnan，Stephens（1995）在研究审计师变更与审计意见购买的相关性问题时，就采用了排序的 Probit 模型（Ordered Probit Model），将审计意见按严重程度依次分为三种类型：标准审计意见、资产确认非无保留意见和持续经营意见[①]，通过比较变更审计师的公司和没有变更审计师的公司所收到的不同审计意见的阈值点来区分审计师出具意见的保守性程度。有序分类 Logit 模型也是一种类似的、应用非常普遍的有序多值响应回归模型，它是一种累积概率模型，其基本形式为：

假设 Y 为响应变量，取值为 1，2，3，…，k，y^* 为 Y 的概率，是潜变量（Latent Variable），则：

$$y^* = \beta X + \varepsilon \tag{5-1}$$

式（5-1）经 Logit 变换为：

$$\text{logit}(P(y \leqslant i)) = Ln\frac{P(y \leqslant i)}{1 - P(y \leqslant i)} = \beta X + \varepsilon \tag{5-2}$$

由公式 5-2 得到 β 的参数估计后，就可以得到 y^* 的累积概率

$$P(y \leqslant i) = \frac{\exp(\theta_i + \beta X)}{1 + \exp(\theta_i + \beta X)}, i = 1, 2, 3, \cdots, k-1 \tag{5-3}$$

其中：$\theta_i = \theta_1 < \theta_2 < \theta_3 \cdots < \theta_{k-1}$ 叫做阈值或门槛（Threshold），与 β 同时被估计。

---

① 实际上，这类分类方式值得商榷，因为没有令人信服的理由证明持续经营意见就会比资产确认非无保留意见更为严重。

Y 和 y^* 具有下列对应关系：

如果 $y^* = \theta_1$，$Y = 1$；

如果 $\theta_1 < y^* = \theta_2$，$Y = 2$；

如果 $\theta_2 < y^* = \theta_3$，$Y = 3$；

……

$\theta_{k-1} < y^*$，$Y = k-1$

根据上述 Logit 模型，我们建立了如下模型进行回归分析：

$$y_{it}^* = \alpha + \beta1GC + \beta2NGC + \beta3INVENT + \beta4ACCD + \beta5GQL + \beta6GQH + \beta7EQUNOT + \beta8PCF + \beta9LOSS + \beta10CLIENTIMP + \beta11CR + \beta12SIZE + \beta13INVEST + \beta14SMOOTH + \beta15VIOL + \beta16MS + \beta17BANK + \beta18IMPR + \beta19LITI + \beta20BIG + \varepsilon \tag{5-4}$$

其中，y_{it}^* 表示公司 i 被出具第 y 种审计意见类型时的概率，我们将不同性质的非标意见——持续经营意见和非持续经营意见分别按审计意见的严重程度划分为无保留意见加强调段、保留意见、保留意见加强调段和无法表示意见，并分别设值为 1、2、3、4。

一、变量选择

主要变量汇总见表 5－2。

表 5－2　　研究变量一览表

变量类型	变量代码	变量含义及说明
解释变量	*GC*	哑变量，上年度审计意见，上年度审计意见是持续经营意见，*GC*＝1，否则为 0
	NGC	哑变量，上年度审计意见，上年度审计意见是非持续经营非标意见，*NGC*＝1，否则为 0
	INVENT	存货占总资产比例
	ACCD	可操控性应计绝对值（具体解释及计算见文中说明）
	GQL	哑变量，股权集中度低，如果控股股东持股低于 30%，*GQL*＝1，否则为 0

续 表

变量类型	变量代码	变量含义及说明
解释变量	*GQH*	哑变量，股权集中度高，如果控股股东持股比例超过50%，*GQH* =1，否则为0
	EQUNOT	哑变量，净资产是否为负，如果当年净资产为负，*EQUNOT* =1，否则为0
	PCF	每股现金净流量
	LOSS	哑变量，当年是否亏损，如果公司当年净利润 <0，则 *LOSS* =1，否则为0
	CLIENTIMP	客户的重要性 = 某一上市公司客户资产规模对数/事务所所有上市公司资产规模对数之和
	CR	事务所综合竞争系数，事务所占有的客户数占证券市场资源总量的比重
	SIZE	公司规模指标，年末资产总额的自然对数
控制变量	*INVEST*	长期股权投资占总资产比例
	SMOOTH	哑变量，营业利润增长超过所有发生增长的样本75%分位值，且非扭亏、非微利、非配股、非亏损、非高管变更时取1，否则为0
	VIOL	哑变量，本年度是否有违规处理，公司管理层的品质指标。如果公司当年受到证监会、证券交易所公开处罚，*VIOL* =1，否则为0
	MS	哑变量，高管是否持股，如果高管层有持股，*MS* =1，否则为0
	BANK	一年内到期的银行借款占总资产比例
	IMPR	关联方资金占用占总资产比例
	LITI	哑变量，是否有未决诉讼，如果公司当年有未决诉讼，*LITI* =1，否则为0
	BIG	哑变量，是否当年十大，根据中国注册会计师协会发布的会计师事务所综合评价前百家信息整理，若排名前十位，*BIG* 为1，否则为0

续 表

变量类型	变量代码	变量含义及说明
被解释变量	y^*	y^* 是公司 i 被出具第 y 种审计意见类型时的概率，根据研究设计的两个步骤，在二分类 Logit 模型中，将审计意见划分为标准意见和非标准意见两种类型，分别设值为 0 和 1；在无序多分类 Logit 模型中，将审计意见划分为标准审计意见、持续经营审计意见和非持续经营非标意见三种分类，分别设值为 0、1 和 2

1. 个别认定层次风险类指标

其包括资产负债表中的高风险项目及损益表中盈余质量变量，这类变量主要涉及财务报表认定层次的风险，属于审计程序风险，直接影响到财务报表本身的披露质量。我们在本书中选择了以下指标：

资产负债表中的高风险项目常常用表示审计业务复杂性的指标来替代，本书选择了以下指标：长期股权投资比例、存货比例。在非标意见内容分析中，“涉及他方报表”是出具非标意见的重要事由，审计研究领域常常用合并报表中的子公司数目来表示此类审计程序的复杂性和风险程度，本书中采用“长期股权投资比例”作为替代指标，我们认为该指标能够更好地量化对方的资产规模及影响作用。存货涉及的审计准则中的“监盘”程序，是普遍采用的代表审计业务复杂性的指标。

盈余质量类指标包括代表盈余管理的两个指标：可操控性应计（ACCD）和盈余平滑（SMOOTH）。可操控性应计常常用来衡量公司的盈余管理行为，关键在于找到能够准确估计可操控性应计的模型。本书借鉴 Myers 和 Omer（2003）的方法，即采用盈余管理计量模型估计出的操纵性应计利润的绝对值来衡量审计判断质量。因为国外大量研究发现，操纵性应计利润与事务所遭受诉讼、出具非标准无保留审计意见的概率正相关（Bartov，Gul 和 Tsui，2000），而与事务所谨慎性负相关（Beckerr 等，1998）。夏立军（2003）曾对国外常用的几种计量模型进行了系统的评述，认为在中国证券市场上，相对其他模型来说，分行业估计并且采用线下项目前总应计利润作为因变量估计行业特征参数的截面琼斯模型能够较好地揭示公司的盈余管理。在本书中，我们采用了刘力、马贤明（2008）的方法，应用分段的基本琼斯模型计算可操控性应计，具体过程是：

步骤1：按行业对公司进行分类，分别计算各公司的非操纵性应计利润。

$$NDA_t = \alpha_1 \frac{1}{A_{t-1}} + \alpha_2 \frac{\Delta REV_t}{A_{t-1}} + \alpha_3 \frac{PPE_t}{A_{t-1}} \quad (5-5)$$

式中，NDA_t是公司 i 经过上年年末总资产调整后的非操纵性应计利润，ΔREV_t 是公司 i 于 t 年度与 $t-1$ 年度的主营业务收入之差；PPE_t 是 t 年年末总的厂房、设备等固定资产净值；A_{t-1}是公司 $t-1$ 年年末的总资产。α_1 、α_2 、α_3 是公司特征参数。α_1 、α_2 、α_3 的估计值根据以下模型，运用估计期各项数值回归取得。

$$\frac{GA_t}{A_{t-1}} = \alpha_1 \frac{1}{A_{t-1}} + \alpha_2 \frac{\Delta REV_t}{A_{t-1}} + \alpha_3 \frac{PPE_t}{A_{t-1}} + \varepsilon \quad (5-6)$$

GA_t为总应计利润，$GA_t = OI_t - CFO_t$，OI_t为公司 t 年营业利润，CFO_t 为公司 t 年经营活动现金流。在国内大多数研究引用夏立军的方法，为每个行业估计一组参数，这种方法是一种简化了计算步骤的方法，采用自己公司的数据作为样本之一来估计自己，是不合理的。因为每个公司都有自己的 α_1 、α_2 、α_3 ，应该在计算各个公司 α_1 、α_2 、α_3 的时候把被分析的公司剔除出回归样本，采用该行业的其他公司的数值回归，得到该公司的 α_1 、α_2 、α_3 。

步骤2：用公司的总利润减去非操纵性应计利润，就得到了操控性应计利润。

$$DA_t = \frac{TA_t}{A_{t-1}} - NDA_t \quad (5-7)$$

DA_t为公司的操纵性应计利润，即盈余管理，TA_t为公司 t 年包含线下项目的总应计利润，即 $TA_t = NI_t - CFO_t$，NI_t为公司 t 年净利润，CFO_t为公司 t 年经营活动现金流，NDA_t为步骤 1 计算出来的非操纵性应计利润。

之前的研究表明，对上述模型进行分行业的横截面回归更优越（夏立军，2003），因此我们在估算可操控性应计时使用了分年度和分行业的回归方法。行业分类依据中国证监会 2001 年公布的 22 个行业代码，因为模型要求每个行业的样本量不少于 20，我们将行业 $C2$、$C3$ 和 $C9$，K 和 L 进行了合并。

盈余平滑是盈余管理的一种常见形式，对盈余平滑的描述的基本思想是利润增长过快时将利润平滑到下期的动机。

2. 财务报表层次风险类指标

其包括有关公司治理与内部控制类变量：股权集中度（高或低）、高管是否持股，公司本年度是否受到证监会、证券交易所等部门违规处罚。何卫东（2003）发现与股权集中度低（控股股东持股比例低于 30%）的公司相比，股权集中度高（控股股东持股比例超过 50%）的公司信息披露质量更高，我们采取了相同的方法来定义股权集中度。Jonstone 和 Bedard（2004）认为内部控制与管理层的正直性是影响审计风险的重要因素，我们用公司本年度是否受到违规处理来替代这个因素。上述这些因素会影响财务报表层次的错报风险。

3. 客户经营风险类变量

其包括公司财务状况和业绩指标，财务状况包括净资产是否为负、一年内到期的银行借款、每股现金净流量以及对内容分析得到的可能对公司未来财务状况造成不确定性的指标，如关联方、资金占用、是否有未决诉讼等。

4. 独立性风险类变量

我们用三个指标替代审计师的独立性风险：客户的相对重要性、审计师规模和事务所综合竞争指数。本书采用了来自某个客户的资产规模对数占事务所所有上市公司资产规模对数的比重作为衡量客户相对重要性的指标。审计师规模越大，抵制客户的动力和能力越强，独立性越高（Deangelo，1981；Dye，1993）。同样，事务所占据的市场份额越大，独立性越高。事务所的市场份额指标我们用每年单个事务所占证券市场资源的比例来衡量，计算公式为：$CR_j = X_j / \sum_{m=1}^{N} X_m$，其中 X 资源可以是审计收费、客户资产总额、客户主营业务收入等。我们选择客户聘请的事务所拥有的客户数占有证券市场总体规模的比例进行考察。

二、样本选择和数据来源

我们选择的样本包括我国 2009—2011 年三年间在上海证券交易所及深圳证券交易所公开上市的所有 A 股公司，初始样本为 2009 年 1268 家，2010 年 1355 家，2011 年 1353 家，共计 3976 家公司，在此基础上进行了以下剔除：

（1）剔除金融类公司。由于金融保险行业公司应计利润与其他行业相比具有独有的特征，不适用于琼斯模型，故从样本中剔除。

（2）剔除当年新上市公司，因为要用到有关上年度的审计意见数据，为了迎合公司上市，审计师对 IPO 公司接近上市时期出具的审计意见具有很大的特殊性。此外，所选择的变量指标（如盈余平滑）涉及公司连续三年的相关数据，尽管可得到公司上市前两年的数据，但先前实证研究表明我国 IPO 公司存在严重的财务包装行为，数据异常（朱红军等，2004），剔除此类公司有利于尽可能减少数据“污染”。

（3）剔除数据缺失的公司。由于大部分数据缺失的公司是财务状况及业绩不佳的公司，并被出具了非标准意见，Kothari 等（2005）认为，由于数据或样本的非随机性剔除（或者说数据修剪，Data Trimming）会削弱因变量与所检验的自变量之间的实际关系，在实际总体中，被出具非标意见的公司相对标准意见公司其比例就非常低，剔除这些样本必将严重影响实证结果的有效性，因此，对非标公司，我们尽可能不予剔除，而是通过多种途径补充数据。

经过上述剔除后，最终样本为3912家，其中，2009年1259家，2010年1291家，2011年1362家。

研究数据主要来自于Wind数据库和CSMAR数据库，缺失数据主要通过巨潮资讯网（http://www.cninfo.com.cn），中国证监会网站（http://www.csrc.gov.cn），中注协网站（http://www.cicpa.org.cn），金融界网站（http://share.jrj.com.cn），上海证券交易所网站（http://www.sse.com.cn），深圳证券交易所网站（http://www.szse.cn）查询得到。

非标准审计意见是指标准审计意见以外的其他审计意见，包括带强调事项段的无保留意见和非无保留审计意见。通过对非标准审计报告意见说明事项的分析和归纳，可以比较直观地描述一定时期内审计师对特定风险因素的关注程度。由于所处的环境与制度约束差异，审计师在进行审计意见决策时，所关注的风险因素或许存在显著差异。直接对审计意见的出具原因进行分析可以发现重要的风险事项或以往研究中所忽略的新的因素。因此，我们对2005—2008年上市公司非标准审计意见的出具原因进行了归纳。在此基础上，结合以往研究结论，进一步对诸多的风险因素进行整合，构建适合我国制度背景的审计意见模型，推断我国审计师的重要性判断情况。

我们对2005—2008年A股市场上市公司非标准审计意见进行了内容分析（数据来源于Wind数据库）。内容分析法（Content Analysis）是一种用于文章形式数据的分析方法，最初是传播学研究中特有的方法，后来被广泛应用于各个社会科学领域，内容分析最基本的方法是将文章中用语言表示的资料转变成符号并用于统计和定量分析。基于审计意见的特点，我们采用了解读式内容分析法（Hermeneutic Content Analysis），这是一种通过精读、理解并阐释文本内容来传达作者意图的方法。该方法强调真实、客观、全面地反映文本内容的本来意义，缺陷是在解读过程中不可避免的具有一定的主观性。在获取数据时，因为数据实际上是变量的实际测量值，一组数据的结构就取决于收集数据前所作出的关于变量结构的假定，为了客观、完整地描述出我国审计师在出具审计意见时对有关事项的考虑，并保证每个事项在分类时的前后逻辑一致，我们没有直接预先确定变量结构并编码，而是采用了对审计意见进行两次阅读的方法：第一次，采用了 KJ 分析方法[①]，对原始事项进行一记录，再按研究目的进行合并和分类；第二次，根据第一次阅读所确定的分类结构进行项目编码，对审计报告进行了重复阅读，并对每一项目出现频次进行一记录。计数原则为按照出具审计意见的事由类型（强调事项、保留事项和无法表示意见事项）对每家审计意见中的说明事项进行计数，同一审计意见中提到同一类事项多次的记为一次，不重复记数，各项目互斥，计入此项目则另一项目不计。因本文旨在分析审计师在出具审计意见时对具体风险因素的考虑，而非对审计意见质量及审计意见的恰当性进行判断，因此在内容分析时只是客观地记录所各类具体事项的出现频次。

内容分析的结果如表 5 -3、表 5 -4、表 5 -5 所示。从 2005—2009 年度审计意见的分布来看，2007 年是一个比较明显的分界点，在这点两侧的年度，标准无保留意见与非标意见的相对比例基本保持平稳，没有较大的波动，2005 年和 2006 年非标意见比例均略低于 10%，2007 年和 2008 年在 10% ~12%，2009 年则又开始降低；非标意见内部各类型审计意见的相对比例也呈现出类似阶段性的差异，如果将保留意见与保留意见加强调段合并，2007 年两侧的年度间各类型非标意见分布比例基本一致，但两个时期却有明显差异，2007 年之后的两年与之前两年相比，无保留意见加强调段的比例在 2009 年较大幅度的提高，保留意见在 2007 年之后有较大幅度的减少。

---

① 分析方法是川喜田二郎创造的一种总结野外观察结果的方法，是从广泛使用自然语言记述下的观察记录中找出该观察对象的结构的一种方法，KJ 法分为以下几个步骤：①将对观察对象的描写依次改为简略的记述，将其中的一个主题“写成一句或数句话的文章”；②将若干“由一句或数句话组成的文章”的共同主题描述归纳在一起，称为“组”；③把“组”之间共同的主题归纳在一起，称之为“岛”；④推理“岛”之间的逻辑关系，所获结果便是观察对象的结构。

表 5-3　　2005—2009 年审计意见分布

审计意见类型	2005 年		2006 年		2007 年		2008 年		2009 年		合计	
	数目	比例（%）	数目	比例（%）	数目	比例（%）	数目	比例（%）	数目	比例（%）	数目	比例（%）
标准无保留意见	1166	91.96	1082	90.02	1109	88.16	1158	89.70	1246	91.42	5761	90.27
非标准意见	102	8.04	120	9.98	149	11.84	133	10.30	117	8.58	621	9.73
合计	1268	100	1202	100	1258	100	1291	100	1363	100	6382	100

表 5-4　　2005—2009 年非标准审计意见分布

审计意见类型	2005 年		2006 年		2007 年		2008 年		2009 年		合计	
	数目	比例（%）	数目	比例（%）	数目	比例（%）	数目	比例（%）	数目	比例（%）	数目	比例（%）
无保留意见加强调段	57	55.89	65	54.16	68	45.64	71	53.38	89	76.07	350	56.36
保留意见	13	12.74	35	29.17	37	24.83	21	15.79	8	6.84	114	18.36
保留意见加强调段	11	10.78	9	7.5	18	12.08	13	9.77	5	4.27	56	9.02
无法表示意见	21	20.58	11	9.17	26	17.45	28	21.06	15	12.82	101	16.26
合计	102	100	120	100	149	100	133	100	117	100	621	100

表 5-5　　样本分布情况表

样本类型 / 年度	持续经营样本					非持续经营样本				
	无保留加强调段	保留	保留加强调段	无法表示意见	小计	无保留加强调段	保留	保留加强调段	无法表示意见	小计
2005	27	29	10	3	69	41	8	8	22	79
2006	24	12	7	8	51	46	6	5	20	77
2007	31	8	2	2	43	58	0	3	13	74
合计	82	49	19	13	163	145	14	16	55	230

注：表 5-3、表 5-4、表 5-5 数据均来源于 Wind 数据库，并根据审计报告对有误的审计意见类型进行了调整。

从2005—2009年出具非标意见的事项分布来看，对于各种意见类型，关于持续经营问题、各项准备计提都是出现频率较高的事由，这同先前国内外的研究一致，公司财务状况是收到非标意见的重要原因，而利润操纵是我国上市公司信息披露存在的主要问题之一，计提各项准备则是公司进行利润操纵的重要手段，审计师因此会特别关注此类事项。在重大事项中，“资金占用”、“担保”、“诉讼”、“款项回收的不确定性”出现频率较高。而在各种意见类型之间，不同类的事项发生频次存在显著的差异，如在强调事项段，审计师更多地提到了各种重大不确定事项，保留意见中则更多地提及财务报表本身的确认和列报问题，这同审计准则的相关规定是一致的，同时也说明了出具不同非标意见类型的影响因素在类型及重要性程度上可能存在着较大的差异，仅仅采用以往文献中常用的简单划分“标准审计意见”和“非标意见”的二分类方法来研究审计意见决策的影响因素是不够的，我们在本书后面的多元回归分析中将进一步细分非标准审计意见的类型，深入地探讨这一问题。

上述内容分析结果与2005年以来我国审计市场颁布的一系列相关政策不无关系，财政部于2005年4月和2006年10月分别颁布了第六批独立审计准则和第七批独立审计准则征求意见稿，前者包括了两个修订项目和一项新准则，两个修订准则主要针对审计报告和持续经营审计作出，新准则主要规范前后任注册会计师之间的沟通，第七批征求意见稿对审计师评估财务报告重大错报风险提供了一定的操作性指导，有关审计报告的两个修订准则对审计师的报告行为，特别是滥用强调事项段和持续经营表述起到了明显的规范作用。此外，中国证监会、财政部于2005年10月8日联合发布了《关于证券期货业务签字注册会计师定期轮换的规定》，自2006年1月1日起正式施行；证监会对上市公司财务报告中的有关重点关注问题提出了明确要求，如上市公司与关联方资金往来的专项说明要求（2005）、对财务信息重述行为的重新审计要求（2005）、对非经常性损益的审计要求（2003、2005）、对各项损失准备的计提、关联方关系及关联交易价格的公允性、会计差错更正、审计范围受到限制、重大不确定性、资产评估事项等六个重大方面的会计审计问题的特别强调（2006）；同时自2003年后我国证券市场发生了若干起重大财务欺诈案件后，非标准审计报告、重大会计差错更正和审计师变更等领域成为监管重点，几乎每次年度审计后，中国证监会与两个证券交易所都会专门组织对非标意见以及重大会计差错更正的行为进行核查（李爽，吴溪，2007）。这些监管政策向审计师传递了更为强烈的监管信号，对审计师的行为起到一定程度的诱致性作用。

三、实证结果

（一）描述性统计

附录1和附录2分别列示了两个样本审计意见类型组的有关各变量离散程度的特征值。在属于相同意见类型的样本组内，变量取值的分布状况表明了样本公司在各风险特征上的差异状况，由此可推断重要性审计程序判断的一致性问题。数值分布越集中，表明样本公司在某一风险因素上的特征差异越小，重要性审计程序判断的一致性程度越高；反之，数值分布的离散程度越高，表明在同种类型审计意见内的样本公司的差异越大，重要性审计程序差异的一致性越差。

从持续经营样本来看，各变量的取值中，除了客户规模（SIZE）的离散程度较小之外，其他指标的离散程度都非常大，变异系数除了极个别值之外均在0.5以上，最大的为20.074（PCF，组1）；变量的最大值与最小值之间相差也很大，相差最大的达到了35.3902倍（IMPR，组1），即使在排除了极端值的四分位距中，相差最大值也达到了10倍，大多数变量差值在1~5倍。而比较各组间的变量特征，保留意见组（第2组）在大多数变量的标准差及四分位距都是各组间最大的，数据分布的离散程度相对较大，说明这一意见类型的重要性审计程序判断存在较大的不一致性。

非持续经营非标样本组变量间的离散特征与持续经营样本相似，但离散程度显然更高，如变异系数最大值达到了23.456（变量同样为IMPR，组1)，许多同类变量的变异系数相对都要更高，最大值与最小值之间相关最大的两个指标达到了6462倍（SMOOTH，组2）和1452倍（INVENT，组1)。这些都表明了在同一类型的审计意见中，审计师进行重要性判断可能存在较大的差异，并且相比于持续经营意见，非持续经营非标准意见的重要性审计程序判断的差异更大。

（二）单变量分析

我们采用了Wilcoxon Mann－Whitney非参数检验方法对不同审计意见类型组之间的风险因素进行了两两比较，结果见表5－6、表5－7、表5－8、表5－9、表5－10、表5－11。如果某一因素在各组之间存在显著的差异，说明了该因素在不同审计师判断的一致性较高，并且不同意见类型之间在这一因素上的重要性判断存在着显著差异。

表5－6　持续经营样本审计意见类型分组 Mann－Whitney U 两两检验（一）

变量名称	比较样本组1～2				比较样本组1～3			
	M－W	Wilcoxon W	Z	Sig.	M－W	Wilcoxon W	Z	Sig.
GC	1115.5	4118.5	－0.973	0.330	268	3271	－1.079	0.281
NGC	1115.5	1611.5	－0.973	0.330	268	304	－1.079	0.281
SIZE	827	3830	－2.275	0.023**	252	3255	－1.333	0.182
INVEST	948	3951	－1.668	0.095*	259	3262	－0.378	0.460
INVENT	1174	4177	－0.132	0.895	297	333	－0.166	0.869
ACCD	986	3989	－1.409	0.159	287	3290	－0.316	0.752
SMOOTH	1187.5	4190.5	－0.057	0.955	278.5	314.5	－0.627	0.530
PCF	1161	1657	－0.221	0.825	202	238	－1.595	0.111
EQUNOT	1171	4174	－0.319	0.750	255	3258	－1.577	0.115
BANK	1036	1532	－1.158	0.247	303	3306	－0.080	0.936
IMPR	389	3915	－1.370	0.171	242	3168	－1.005	0.315

续　表

变量名称	比较样本组 1～2				比较样本组 1～3			
	M－W	Wilcoxon W	Z	Sig.	M－W	Wilcoxon W	Z	Sig.
LITI	1152	1648	－0. 335	0. 737	274	3277	－0. 603	0. 546
LOSS	911	3914	－2. 282	0. 022 **	173	3176	－2. 455	0. 014
VIOL	1161. 5	1657. 5	－0. 353	0. 724	240. 5	3243. 5	－1. 538	0. 124
MS	1005. 5	4008. 5	－1. 526	0. 127	243. 5	279. 5	－1. 130	0. 258
GQL	1151. 5	4154. 5	－0. 331	0. 740	255. 5	291. 5	－0. 914	0. 361
GQH	1007	1003	－1. 920	0. 055 **	278. 5	314. 5	－0. 627	0. 530
CLIEN-TIMP	1178	4181	－0. 105	0. 916	200	3203	－1. 625	0. 104
CR	1143	4146	－0. 343	0. 732	231	267	－1. 159	0. 246
BIG	1133	4136	－0. 651	0. 515	275	3278	－0. 797	0. 426

注：样本组 1 = 无保留加强调段，2 = 保留，3 = 无保留加强调段，4 = 无法表示意见，M－W 为 Mann－Whitney U 的缩写，均为双尾检验（2－tailed）。

表 5－7　　持续经营样本审计意见类型分组 Mann－Whitney U 两两检验（二）

变量名称	比较样本组 1～4				比较样本组 2～3			
	M－W	Wilcoxon W	Z	Sig.	M－W	Wilcoxon W	Z	Sig.
GC	368	446	－1. 790	0073 *	116	446	－1. 790	0073 *
NGC	368	3371	－1. 790	0. 073 *	116	152	－0. 728	0. 467
SIZE	442	520	－0. 240	0. 810	112	148	－0. 417	0. 676
INVEST	432	510	－0. 361	0. 718	117	153	－0. 243	0. 808
INVENT	299	377	－1. 958	0. 050 **	119	155	－0. 174	0. 862
ACCD	331	3334	－1. 574	0. 116	112	148	－0. 417	0. 676
SMOOTH	398. 5	476. 5	－1. 096	0. 273	111. 5	147. 5	－0. 621	0. 534
PE	342	420	－1. 212	0. 226	104	140	－0. 696	0. 487

续 表

变量名称	比较样本组 1～4				比较样本组 2～3			
	M－W	Wilcoxon W	Z	Sig.	M－W	Wilcoxon W	Z	Sig.
PCF	360	438	－1. 225	0. 220	85	121	－1. 357	0. 175
EQUNOT	305. 5	3308. 5	－3. 298	0. 001***	105	601	－1. 141	0. 254
BANK	426	3429	－0. 461	0. 645	109	605	－0. 585	0. 559
IMPR	229	3155	－2. 9	0. 004***	117	613	－0. 251	0. 802
LITI	411	3414	－0. 721	0. 471	106	602	－0. 743	0. 458
LOSS	221	3224	－3. 440	0. 001***	99	595	－1. 020	0. 308
VIOL	457	3460	－0. 095	0. 924	93. 5	589. 5	－1. 595	0. 111
MS	384. 5	462. 5	－1. 083	0. 279	78. 5	114. 5	－1. 938	0. 053**
GQL	441	519	－0. 292	0. 770	98. 5	134. 5	1. 027	0. 305
GQH	437	515	－0. 423	0. 672	116. 5	612. 5	－0. 565	0. 572
CLIEN-TIMP	385	463	－0. 925	0. 355	70	566	－1. 878	0. 062*
CR	410	3413	－0. 625	0. 532	75	117	－1. 706	0. 088*
BIG	412. 5	3415. 5	－0. 943	0. 346	117	617	－0. 348	0. 728

注：样本组 1＝无保留加强调段，2＝保留，3＝无保留加强调段，4＝无法表示意见，M－W 为 Mann－Whitney U 的缩写，均为双尾检验（2－tailed）。

表 5－8　持续经营样本审计意见类型分组 Mann－Whitney U 两两检验（三）

变量名称	比较样本组 2～4				比较样本组 3～4			
	M－W	Wilcoxon W	Z	Sig.	M－W	Wilcoxon W	Z	Sig.
GC	136	214	－2. 255	0. 024**	32	110	－1. 780	0. 075**
NGC	136	632	－2. 255	0. 024**	32	68	780	0. 075**
SIZE	141	219	－1. 218	0. 223	37	115	－0. 849	0. 396
INVEST	129	207	－1. 544	0. 123	32	110	－1. 235	0. 217

续　表

变量名称	比较样本组 2～4				比较样本组 3～4			
	M－W	Wilcoxon W	Z	Sig.	M－W	Wilcoxon W	Z	Sig.
INVENT	118	196	－1.841	0.066*	29	107	－1.466	0.143
ACCD	162	658	－0.650	0.516	33	69	－1.157	0.247
SMOOTH	159.5	237.5	－1.064	0.287	46	124	－0.297	0.767
PCF	147	225	－1.056	291	43	79	－0.386	700
EQUNOT	126.5	622.5	－2.390	0.017**	40	76	－0.746	0.456
BANK	156	652	－0.906	0.365	45	81	－0.247	0.805
IMPR	119	615	－1.846	0.065	36	72	－0.933	0.351
LITI	159	655	－0.863	0.388	48	126	0	1
LOSS	133	629	－1.714	0.087**	44	80	－0.445	0.656
VIOL	179	675	－0.316	0.752	38	116	－1.027	0.304
MS	125.5	203.5	－1.984	0.047	46	82	－0.182	0.856
GQL	171	249	－0.472	0.637	42	78	－0.537	0.592
GQH	167	663	－1.022	0.307	46	82	－0.249	0.803
CLIEN-TIMP	143	221	－1.164	0.244	17	95	－2.392	0.016**
CR	171.5	667.5	－0.393	0.694	30	66	－1.39	0.165
BIG	175.5	671.5	－0.403	0.687	48	126	0	1

注：样本组 1＝无保留加强调段，2＝保留，3＝无保留加强调段，4＝无法表示意见，M－W为 Mann－Whitney U 的缩写，均为双尾检验（2－tailed）。

表 5－9　非持续经营非标审计意见类型分组 Mann－Whitney U 两两检验（一）

变量名称	比较样本组 1～2				比较样本组 1～3			
	M－W	Wilcoxon W	Z	Sig.	M－W	Wilcoxon W	Z	Sig.
GC	431	467	－0. 985	0. 325	514	9160	－0. 747	0. 455
NGC	431	9077	－0. 985	0. 325	514	559	－0. 747	0. 455
SIZE	266	302	－2. 333	0. 020**	467	9113	－1. 041	0. 298
INVEST	386	422	－1. 253	0. 210	546	591	－0. 371	0. 711
INVENT	423	9069	－0. 914	0. 361	530	9176	－0. 516	0. 613
ACCD	414	9060	－0. 995	0. 320	525	570	－0. 548	0. 584
SMOOTH	395. 5	9041. 5	－1. 912	0. 056**	578. 5	623. 5	－0. 161	0. 872
PE	428	9024	－0. 868	0. 385	513	558	－0. 650	0. 516
PCF	337	8983	－1. 691	0. 091*	326	371	－2. 239	0. 025**
EQUNOT	371	9017	－1. 600	0. 110	581. 5	626. 5	－0. 079	0. 937
BANK	503	539	－0. 203	0. 839	527	9173	－0. 566	0. 571
IMPR	389	9035	－1. 245	0. 213	516	9162	－0. 639	0. 523
LITI	523. 5	559. 5	－0. 005	0. 996	565. 5	9211. 5	－0. 244	0. 808
LOSS	427	9073	－1. 025	0. 306	398. 5	9044. 5	－1. 902	0. 057*
VIOL	439. 5	9085. 5	－1. 060	0. 289	388	9034	－2. 329	0. 020*
MS	512. 5	9158. 5	－0. 123	0. 902	486. 5	9132. 5	－1. 038	0. 299
GQL	479	9125	－0. 499	0. 618	525. 5	570. 5	－0. 661	0. 508
GQH	488	524	－0. 764	0. 445	564. 5	9210. 5	－0. 476	0. 634
CLIEN-TIMP	419	455	－0. 950	0. 342	361	406	－1. 941	0. 052*
CR	511. 5	547. 5	－0. 113	0. 910	355	9001	－1. 993	0. 046*
BIG	481	9127	－0. 594	0. 552	590. 5	535. 5	－1. 334	0. 182

注：样本组 1＝无保留加强调段，2＝保留，3＝无保留加强调段，4＝无法表示意见，M－W 为 Mann－Whitney U 的缩写，均为双尾检验（2－tailed）。

表 5－10　非持续经营非标审计意见类型分组 Mann－Whitney U 两两检验（二）

变量名称	比较样本组 1～4				比较样本组 2～3			
	M－W	Wilcoxon W	Z	Sig.	M－W	Wilcoxon W	Z	Sig.
GC	2286	3106	－1. 438	0. 151	25	61	－1. 240	0. 215
NGC	2286	10932	－1. 438	0. 151	25	70	－1. 24	0. 215
SIZE	2028	2848	－2. 160	0. 031	9	45	－2. 598	0. 009**
INVEST	2513	11159	－0. 391	0. 696	29	65	－0. 689	0. 491
INVENT	2511	3331	－0. 398	0. 691	35	80	－0. 096	0. 923
ACCD	1799	10445	－2. 996	0. 003**	24	69	－1. 155	0. 248
SMOOTH	2345. 5	3165. 5	－1. 884	0. 060*	26. 5	71. 5	－1. 242	0. 214
PCF	2184	3004	－1. 591	0. 112	11	56	－2. 406	0. 016**
EQUNOT	1986	10632	－2. 672	0. 008**	25	70	－1. 240	0. 215
BANK	2213	10859	－1. 574	0. 115	33. 5	69. 5	－0. 269	0. 788
IMPR	2162	10808	－1. 703	0. 089*	29	74	－0. 682	0. 495
LITI	2557	11203	－0. 275	0. 783	34. 5	70. 5	－0. 174	0. 862
LOSS	1873	10519	－3. 262	0. 001***	31	67	－0. 727	0. 467
VIOL	2328. 5	10974. 5	－1. 438	0. 150	29. 5	65. 5	－0. 722	0. 470
MS	2546. 5	3366. 5	－0. 316	0. 752	30. 5	66. 5	－0. 669	0. 503
GQL	2460. 5	11106. 5	－0. 719	0. 472	29	74	－0. 812	0. 417
GQH	2538	11184	－0. 652	0. 515	32	68	－0. 943	0. 346
CLIENTIMP	2164	2984	－1. 664	0. 096	32	77	－0. 385	0. 700
CR	2289. 5	10935. 5	－1. 206	0. 228	20. 5	56. 5	－1. 497	0. 134
BIG	2507. 5	3327. 5	－0. 650	0. 516	27	72	－1. 549	0. 121

注：样本组 1＝无保留加强调段，2＝保留，3＝无保留加强调段，4＝无法表示意见，M－W 为 Mann－Whitney U 的缩写，均为双尾检验（2－tailed）。

表 5-11　非持续经营非标审计意见类型分组 Mann-Whitney U 两两检验（三）

变量名称	比较样本组 2~4				比较样本组 3~4			
	M-W	Wilcoxon W	Z	Sig.	M-W	Wilcoxon W	Z	Sig.
GC	152	188	-0.281	0.779	134	954	-1.440	0.150
NGC	152	972	-0.281	0.779	134	179	-1.440	0.150
SIZE	122	158	-1.051	0.306	94	914	-2.221	0.026**
INVEST	109	145	-1.415	0.165	161	206	-0.491	0.623
INVENT	129	949	-0.858	0.391	154	974	-0.671	0.502
ACCD	135	171	-0.692	0.489	95	140	-2.195	0.028**
SMOOTH	104	924	-3.235	0.001**	164.5	984.5	-1.168	0.243
PCF	72	892	-2.434	0.013**	126	171	-1.394	0.163
EQUNOT	152	972	-0.281	0.779	134	179	-1.440	0.150
BANK	137	173	-0.674	0.500	177	222	-0.082	0.935
IMPR	145.5	965.5	-0.404	0.686	165	210	-0.393	0.694
LITI	156	192	-0.134	0.894	177	997	-0.094	0.925
LOSS	144	180	-0.686	0.493	173	993	-0.298	0.766
VIOL	152	972	-0.271	0.786	138.5	958.5	-1.283	0.199
MS	152	972	-0.259	0.796	143.5	963.5	-1.116	0.264
GQL	156	976	-0.144	0.886	149.5	194.5	-0.986	0.324
GQH	144	180	-0.924	0.355	178	998	-0.098	0.922
CLIEN-TIMP	150	186	-0.277	0.782	136	181	-1.136	0.256
CR	135.5	171.5	-0.678	0.498	125	945	-1.422	0.155
BIG	140	960	-0.905	0.366	157.5	202.5	-1.108	0.268

注：样本组 1 = 无保留加强调段，2 = 保留，3 = 无保留加强调段，4 = 无法表示意见，M-W 为 Mann-Whitney U 的缩写，均为双尾检验（2-tailed）。

表5－6、表5－7、表5－8的结果显示，在持续经营样本中，无保留加强调段与保留、保留加强调段意见组相比，差异主要体现在以财务指标代表的经营风险要素，如每股现金流量、净资产是否为负、一年内到期的银行存款等指标，说明不同审计师对经营风险要素的重要性判断的一致性程度较高。与无法表示意见组相比，除了表示独立性风险的指标外，在另外三类风险因素有多个指标上均存在显著性差异，这表明这三类要素的重要性审计程序判断的一致程度较高。保留与保留加强调段、无法表示意见组除了少数变量外，没有明显差异；保留加强调段与无法表示意见在各类风险因素上均有较为明显的差异。综合两两比较的结果，无法表示意见与其他组之间的差异最为明显，显著性指标数量最多，几乎涉及每类风险因素。保留与保留加强调段，保留加强调段与无法表示意见之间在独立性风险的两个指标：事务所综合竞争系数和客户重要性上都有显著差异，说明这两组审计意见类型之间可能存在因独立性而产生的重要性审计程序判断的不一致行为。

表5－9、表5－10、表5－11的结果显示，在非持续经营非标样本中，无保留加强调段与保留、保留加强调意见组相比，差异主要体现在个别认定层次风险类、报表层次风险类和独立性风险类指标，公司经营风险类指标则没有差异；但与无法表示意见类型相比，独立性风险类指标不存在差异，其他三类指标均体现出一定的差异程度，尤其是经营风险类指标差异更为明显，这一特征同样体现在保留、保留加强调段同无法表示意见的比较中。保留与保留加强调段基本不存在差异。

结合表5－6、表5－7、表5－8、表5－9、表5－10、表5－11的结果来看，各意见类型之间差异最明显的是无保留加强调段与无法表示意见，表明这两类审计意见在重要性审计程序判断上有显著的差异。两类非标准审计意见样本中这两种意见类型的比较均显示独立性风险因素不显著，经营风险类指标差异却非常明显，表明了当客户的经营性风险非常大时，审计师对这类客户保持了更大的谨慎和独立性。保留与保留加强调段差异最小，表明这两类审计意见类型的重要性审计程序判断没有明显差异。其次，两样本组中各意见类型之间的显著性指标有着较为明显的差异，在持续经营样本中，无保留加强调段、保留、保留加强调段三种意见类型之间经营风险类指标是最主要的差异性指标，但在非持续经营非标准样本中却正好相反，这一类指标在这三类意见类型之间几乎完全没有体现出差异，这表明审计师出具持续经营意见和非持续经营非标意见时对审计意见类型的选择所依据的风险因素类型有所区别。最后，从总体上看，两个样本中持续经营意见样本各类型之间的差异更为明显一些，表现为有更多的变量在低于5%的水平上显著。

（三）多变量回归分析

表5－12、表5－13、表5－14分别报告了持续经营意见样本有序分类Logit模型的回归结果及审计意见类型分类预测的情况，而表5－15、表5－16报告了非持续经营非标样本有序分类Logit模型的回归结果及审计意见类型分类预测的情况。

在对持续经营样本的分类因素回归中，其中财务报表层次风险类因素和独立性风险类因素均未能通过平行线检验（Test of Parallel Lines），即不适合进行有序分类的Logistic回归；在进行综合因素的回归中，全部因素回归亦未能通过平行线检验，因此我们只报告了其中个别认定层次风险、客户经营风险的回归结果以及这两类风险因素与独立性风险三类因素的综合回归结果。对非持续经营非标样本的回归，根据平等线检验的结果，客户经营风险及综合因素模型采用了Logit函数、财务报表层次风险类采用了Probit函数、个别认定层次风险、独立性风险类因素采用了Negative Log－log函数作为拟合模型的连接函数（Link function）。从回归的结果，其阈值（Threshold）都符合$\theta_1 < \theta_2 < \theta_3$，表明我们所选择的有序分类Logit模型是适当的。

通过有序分类Logit模型要对模型中的变量参数和阈值进行估计，是因为因变量y的赋值是按照审计意见严重程度从无保留意见加强调段、保留、保留加强调段、无法表示意见逐渐升高，所以系数为正的变量表明这些变量与更严重的审计意见类型正相关，回归结果中各个哑变量的统计结果均为此变量为0时的值，因此对哑变量的解释正好相反，表示的是哑变量为0时与审计意见严重程度之间的关系。如果测试变量是显著的，则表明该变量是审计师实施重要性判断的主要决策因素，即该变量在群体决策（即重要性审计程序判断）中的一致性程度较高。

1. 持续经营回归结果

表 5-12　持续经营意见样本有序分类 Logit 模型回归结果（一）

Threshold/变量	个别认定层次风险类			客户经营风险类			综合风险类因素		
	Estimate	Wald	Sig.	Estimate	Wald	Sig.	Estimate	Wald	Sig.
y =1	1.341	6.891	0.009	-1.296	7.224	0.007 ***	-12.114	4.864	0.027
y =2	2.749	23.672	0.000 ***	-2.974	29.643	0.000 ***	-13.990	6.380	0.012
y =3	3.368	31.112	0.000 ***	-3.733	39.424	0.000 ***	-14.805	7.082	0.008 *
INVEST	1.637	6.891	0.247				0.696	0.180	0.671
INVENT	-2.566	2.208	0.137				-3.149	2.264	0.000 ***
ACCD	2.647	1.988	0.159				-2.405	0.831	0.062 *
SMOOTH	-0.203	0.180	0.671				1.080	3.192	0.034 **
PCF				-0.275	0.358	0.050 *	-0.266	0.261	0.000 ***
BANK				-6.833	3.335	0.068 *	-4.403	1.576	0.209
IMPR				-0.022	0.092	0.762	-0.006	0.007	0.935
[*EQUNOT* =0]				2.535	11.702	0.001 ***	-2.165	4.919	0.001 ***
[*LITI* =0]				0.010	0.001	0.981	-0.290	0.309	0.530
[*LOSS* =0]				1.732	8.802	0.003 **	2.183	9.116	0.003 **
CR							-27.432	1.519	0.218
CLINTIMP							-13.489	1.598	0.206
[*BIG* =0]							0.514	0.706	0.401
[*GC* =0]							-0.004	2.235	0.135
[*NGC* =0]							0.330	0.569	0.451
SIZE							1.194	4.085	0.043 *
Pseudo R-Square (*Nagelkerke*)	0.142			0.315			0.426		
LR Chi-Square (*Sig.*)	75.221 (0.000)			108.917 (0.000)			98.299 (0.000)		

注：哑变量的各统计结果均为此变量 =0 时的值。*** 表示在 1% 水平上显著，** 表示在 5% 水平上显著，* 表示在 10% 水平上显著。

表5-12的结果显示，在分类因素回归中，个别认定层次风险类因素中的存货比例、市盈率的系数显著为负，盈余平滑的系数显著为正，可操控性应计在10%的水平上与审计意见类型正相关。说明在这类因素中，这四个指标在重要性审计程序判断时占据了主导作用，当公司存货比例和市盈率越高时，越不容易被出具严重的审计意见，盈余平滑系数和可操控性应计越高，则越容易被出具严重的审计意见，也是审计师重要性判断时考虑的主要因素。在客户经营风险类因素中，每股现金流量、一年内到期的银行借款占总资产比例、净资产不为负、本年度没有发生亏损与审计意见严重程度显著负相关，其中每股现金流量、一年内到期的银行借款占总资产的比例在10%的水平上显著，表明客户经营风险越高，审计师在重要性判断时越加以考虑，越容易被出具更严重的意见类型。从模型的解释能力来看，客户经营风险类因素比个别认定层次风险类因素具有更大的解释力度，前者的Pseudo R^2达到了0.315，后者只有0.142。在综合因素回归中，存货比例、每股现金流量、净资产是否为负在低于1%的水平上显著，盈余平滑指数、本年度是否亏损在5%的水平上显著，系数符号均为负，可操控性应计绝对值在10%的水平上显著，表明每股现金流量、一年内到期的银行借款占总资产比例、净资产不为负，存货比例和每股现金流量越高、净资产不为负，本年度没有发生亏损、盈余平滑指数、可操控性应计绝对值，对重要性审计程序判断的影响越不显著，越不容易被出具严重程度的审计意见。

为了寻找现实中影响重要性审计程序判断的主要因素，我们在上述回归结果的基础上进一步对自变量进行了筛选，最后得到的结果只剩下了6个指标（见表5-13），尽管在模型的解释度上该结果要略低于综合因素模型，但自变量的数量大大减少了，从原来的24个指标减少到了18个指标，降低了模型的冗余，从而能够更清晰地看到审计师重要性判断时考虑的主要因素。回归结果显示6个指标都是显著的，并且涵盖了财务报表错报风险、客户经营风险和独立性风险三个方面，按照Wald统计量从大到小排列，这6个指标包括：净资产是否为负、本年度是否亏损、存货比例、一

表 5-13　　持续经营意见样本有序分类 Logit 模型回归结果（二）

Threshold/变量	Estimate	Wald	Sig.
y = 1	-14.915	11.133	0.001
y = 2	-16.585	13.413	0.000
y = 3	-17.317	14.451	0.000
INVENT	-3.193	3.291	0.070*
SMOOTH	0.868	4.096	0.043
BANK	-5.404	2.729	0.099
[*EQUNOT* = 0]	1.842	9.565	0.002
[*LOSS* = 0]	2.191	22.200	0.000
SIZE	1.490	9.570	0.002
Pseudo R - Square (*Nagelkerke*)	0.229		
LR Chi - Square (*Sig.*)	28.655 (0.000)		

注：哑变量的各统计结果均为此变量=0时的值。*** 表示在1%水平上显著，** 表示在5%水平上显著，* 表示在10%水平上显著。

年内到期的银行借款占总资产比例、公司规模指标以及盈余平滑指数，其中存货比例、一年内到期的银行借款占总资产比例与审计意见严重负相关，净资产不为负、本年度没有发生亏损、盈余平滑系数、公司规模指标则与审计意见严重程度显著正相关。对该结果进行分析，我们发现审计师在重要性判断时所依据的判断因素中最为重要的是客户的经营风险，模型中不仅这类指标的相对数量最多并且 Wald 统计量也相对最大，存货这一指标所替代的实际含义与我们的事前分类并不吻合，相比较于审计程序风险，它可能更多地代表了客户的经营风险。盈余平滑指数与审计师出具持续经营意见的严重程度显著正相关，盈余平滑指数是一个与收益直接相关的因素，国外研究结果表明收益及相关影响因素是重要性审计程序判断的主要考虑因素，我们的结果与之相一致。这表明我们选择的盈余平滑指数能够识别我国的盈余管理行为，也证明了审计师本身也能够识别出财务报表中的盈余管理行为，之所以这一指标在判断是否出具审计意见时并不显著，我们推测是由于审计师出具审计意见时的一种机会主义行为，对经营风险低的客户的盈余管理行为采取了更为激进的财务报告政策，从而削弱了盈余平滑指标与非标意见的相关性。客户规模与持续经营意见严重程度呈正相关，说明了事务所对规模较大被审计单位在出具审计意见时确定的重要性水平更低，这与确定重要性审计程序水平的客观要求一致，客户规模越大，审计失败导致的损失更多，因此，当客户规模较大时，事务所表现得更为谨慎，评估重要性水平较低。

表 5－14　　审计意见类型分类预测

1. 综合风险因素模型分类预测		实际类型			
		1	2	3	4
预测类型	1	69	15	5	4
	2	8	15	1	4
	3	0	0	0	0
	4	0	1	2	4
	合计	77	31	8	12
2. 六因素模型分类预测		实际类型			
		1	2	3	4
预测模型	1	72	21	5	5
	2	4	9	1	4
	3	0	0	0	0
	4	1	1	2	3
	合计	77	31	8	12

续　表

3. 客户经营风险因素模型分类预测		实际类型			
		1	2	3	4
预测模型	1	70	19	4	3
	2	7	0	2	6
	3	0	0	0	0
	4	0	12	2	3
	合计	77	31	8	12
4. 个别认定层次风险因素分类预测		实际类型			
		1	2	3	4
预测模型	1	73	28	7	7
	2	2	1	1	4
	3	0	0	0	0
	4	2	2	0	1
	合计	77	31	8	12

模型的分类预测情况显示（见表5－14），预测分类准确度较好的意见类型是无保留意见加强调段和无法表示意见，但另外两种意见类型保留和保留加强调段却没有一个被准确地预测，或被误归为无保留加强调段，或被误归为无法表示意见，这说明了现实中审计师在出具这两种审计意见时，重要性判断带有较大的模糊性和不一致性，这与单变量分析的结果相符合。综合风险因素和六因素模型两个模型的分类预测情况基本相同，前者的精确性只有轻微的提高，其中，无保留意见加强调段分类准确率为84.69%，无法表示意见为75%，总的分类正确率为62.68%。此外，客户经营风险类因素对无法表示意见的分类正确率要高于个别认定层次风险类因素，前者为90.29%，后者为56.94%，其差异主要体现在对无法表示意见的预测上。

2. 非持续经营非标意见样本回归结果

从非持续经营非标意见样本的回归结果来看，无论是分类因素回归还是全部因素回归，模型的解释力度都没有持续经营样本高，个别认定层次风险类因素和财务报表层次风险类因素在模型的整体性检验中尽管通过了 Pearson 和 Deviance 拟合优度检验，但未能通过似然比 Chi-Square 检验，而与前两个统计量相比，后者的检验结果要稳健得多。

在风险因素的分类回归中，独立风险因素中的三个指标中有两个是显著的，客户重要性与客户所聘请的事务所在整个审计市场中所占的份额都与审计意见的严重程度负相关，即公司审计师面临的市场竞争越缓和、客户所聘请的事务所在整个审计市场中所占的份额越大，被出具的审计意见严重程度越低。个别认定层次风险类指标中只有往来款债务占总资产比例与审计意见的严重程度在 5% 的水平上显著，前者呈正相关。客户经营风险类指标中流动比率、一年内到期的银行借款占总资产比例、本年度没有发生亏损指标与审计意见的严重程度在 10% 的水平上显著，加权净资产收益率与审计意见的严重程度在 10% 的水平上显著，前者与审计意见的严重程度正相关，后者呈负相关。报表层次风险类只有股权集中度低指标呈显著负相关。

综合风险因素回归中，一年内到期的银行借款占总资产比例、本年度有没有发生亏损、上年度有没有被出具非持续经营非标意见与审计意见的严重程度呈显著正相关。加权净资产收益率与审计意见的严重程度显著负相关，在以上这些显著性指标中，上年度出具的非持续经营非标意见与股权集中度低与财务报表中存在的错报风险直接相关，但盈余平滑指数的表现出乎意外，我们之前假设相对于持续经营意见，非持续经营非标意见行为更关注财务报告错报风险，盈余平滑指数越大表明公司越可能存在盈余管理行为，因此所报告的盈余信息质量并不可靠，审计师理应对这类行为出具更为严重的意见类型，而事实上在分类回归的情况下，盈余平滑指数与审计意见的严重程度在 5% 水平上负相关，在综合因素回归中显著性消失了，但符号仍然为负，这可能是因为审计师在重要性判断时虽然发现盈余管理行为，但综合其他因素，审计师的选择具有机会主义倾向。其他显著性指标在方向上均与预期的相一致，当所代表的财务报表错报风险及经

表 5－15　　非持续经营非标样本有序分类 Logit 模型回归结果

Threshold/变量	个别认定层次风险		客户经营风险		报表层次风险		独立性风险		综合风险因素	
	Estimate	Wald	Estimate	Wald	Estimate	Wald	Estimate	Wald	Estimate	Wald
$y=1$	1. 121	11. 618 0. 001 ***	2. 980	21. 175 0. 000 ***	0. 094	15. 045 0. 000 ***	0. 862	6. 336 0. 012 **	0. 584	0. 012 0. 913
$y=2$	1. 307	15. 337 0. 000 ***	3. 242	24. 517 0. 000 ***	1. 131	19. 176 0. 000 ***	1. 050	9. 165 0. 002	0. 904	0. 029 0. 865
$y=3$	1. 551	20. 653 0. 000 ***	3. 569	28. 863 0. 000 ***	1. 301	24. 786 0. 000 ***	1. 294	13. 364 0. 000 ***	1. 283	0. 058 0. 810
INVEST	－0. 676	0. 511 0. 475							－1. 101	0. 487 0. 485
INVENT	－0. 506	0. 150 0. 699							－1. 207	0. 280 0. 597
ACCD	0. 604	1. 381 0. 240							－0. 972	0. 544 0. 461
SMOOTH	－0. 380	0. 592 0. 442							0. 348	0. 134 0. 715
PCF			0. 024	0. 002 0. 962					－0. 235	0. 143 0. 705

续 表

Threshold/变量	个别认定层次风险		客户经营风险		报表层次风险		独立性风险		综合风险因素	
	Estimate	Wald	Estimate	Wald	Estimate	Wald	Estimate	Wald	Estimate	Wald
BANK			0.956	6.533 0.011 **					0.663	2.818 0.093 *
IMPR			0.029	0.061 0.806					-0.006	0.016 0.900
[*EQUNOT* = 0]			0.771	3.074 0.080 *					0.527	1.027 0.311
[*LITI* = 0]			-0.012	0.001 0.976					-0.187	0.150 0.699
[*LOSS* = 0]			1.362	6.414 0.011 **					1.677	5.554 0.018 **
[*VIOL* = 0]					0.325	2.247 0.134			0.971	4.707 0.030 **
[*MS* = 0]					0.058	0.084 0.773			0.794	2.477 0.116
[*GQL* = 0]					0.311	1.817 0.178			0.446	0.815 0.367
[*GQH* = 0]					0.443	1.210 0.271			0.659	0.549 0.459

续　表

Threshold/变量	个别认定层次风险		客户经营风险		报表层次风险		独立性风险		综合风险因素	
	Estimate	Wald	Estimate	Wald	Estimate	Wald	Estimate	Wald	Estimate	Wald
CLIENTIMP							-10. 842	3. 568 0. 059 **	-8. 633	1. 155 0. 283
CR							-0. 345	0. 724 0. 395	30. 374	3. 762 0. 052
[*BIG* =0]							13. 988	2. 320 0. 078 **	-0. 547	0. 824 0. 364
[*GC* =0]									-0. 451	0. 972 0. 324
[*NGC* =0]									0. 734	5. 094 0. 024 **
SIZE									-0. 406	0. 453 0. 501
Pseudo R - Square (*Nagelkerke*)	0. 048		0. 233		0. 091		0. 060		0. 382	
LR Chi - Square (*Sig.*)	22. 106(0. 076)		97. 784(0. 000)		57. 764(0. 000)		51. 610(0. 000)		147. 656(0. 000)	

注:哑变量的各统计结果均为此变量 =0 时的值。Wald 列上方是 Wald 统计量,下方是显著性(sig.)。 *** 表示在 1% 水平上显著, ** 表示在 5% 水平上显著, * 表示在 10% 水平上显著。

营风险越高时，被出具的审计意见类型越严重，所代表的独立性风险越高，被出具的审计意见类型越缓和。特别值得注意的是，无论在分类因素还是综合因素回归结果中，代表审计独立性的两个指标都是显著的，表明在这类性质的审计意见样本中，独立性因素是影响审计师重要性判断的重要因素。

表 5－16　审计意见类型分类预测

1. 个别认定层次风险因素分类预测		实际类型			
		1	2	3	4
预测类型	1	126	8	9	35
	2	0	0	1	1
	3	0	0	0	0
	4	3	0	0	4
	合计	129	8	9	39
2. 报表层次风险因素分类预测		实际类型			
		1	2	3	4
预测模型	1	105	6	7	27
	2	24	2	2	0
	3	0	0	0	0
	4	0	0	0	12
	合计	129	8	9	39
3. 经营风险因素分类预测		实际类型			
		1	2	3	4
预测模型	1	124	6	7	26
	2	5	2	2	2
	3	0	0	0	0
	4	0	0	0	11
	合计	129	8	9	39

续　表

4. 独立性风险因素分类预测		实际类型			
		1	2	3	4
预测模型	1	126	8	9	35
	2	3	0	0	2
	3	0	0	0	0
	4	0	0	0	2
	合计	129	8	9	39
5. 综合风险因素模型分类预测		实际类型			
		1	2	3	4
预测模型	1	102	4	4	6
	2	27	3	5	27
	3	0	0	0	0
	4	0	1	0	6
	合计	129	8	9	39

表5－15、表5－16的分类预测情况表明，模型只对无保留意见加强调段和保留意见有一定的分类预测能力，对保留加强调段和无法表示意见基本没有预测能力，仅仅在综合风险因素模型中正确分类预测了1个无法表示意见样本，在经营风险因素模型中正确分类预测了3个无法表示意见样本。从分类因素模型的预测能力来看，相对来说，财务报告错报风险因素和独立性风险因素比经营风险因素的分类正确率要略高，其中，个别认定层次风险因素为50.75%，报表层次风险因素为47.27%，独立性风险因素为49.25%，经营风险因素为47.74%。从综合风险因素模型分类预测情况看，对无保留意见加强调段的分类正确率为71.13%，对保留意见的分类正确率为47.76%，对无法表示意见的分类正确率为13.33%，总的分类正确率为51.76%，由此可见，审计师在判断不同意见类型时，所确定的重要性水平存在较大的模糊性。

（四）敏感性分析

考虑到连续变量是否更容易描绘出审计师出具不同审计意见类型所确定的重要性水平差异，我们对回归模型中的两个主要哑变量：本年度是否亏损、本年度净资产是否为负分别采用每股收益和资产负债率两个连续变量的形式进行了替代，但效果并不优于原模型。另外，基于上面的研究结果，我们将不存在明显差异的两种意见类型保留意见和保留意见加强调段合并为同一类再次进行了回归，检验显示当重新分类后，基本不再适合有序分类 Logit 模型进行回归分析，表明采用自然的审计意见分类形式来考察审计师重要性判断行为更为恰当。

第三节　本章小结

本章实证研究结果表明：

（1）影响持续经营审计意见类型重要性判断的主要因素包括代表企业偿债能力的三个指标即净资产是否为负、存货比例、每股现金流量，代表盈余的两个指标即本年度是否亏损、盈余平滑指数，以及代表审计独立性风险的指标即事务所规模。影响其他非标准审计意见类型重要性判断的主要因素包括盈余指标即本年度是否亏损、代表财务报表质量的两个指标即上年度审计意见为同类非标意见和股权集中度高低以及代表审计独立性风险的两个指标即事务所规模和事务所综合竞争系数。可见，盈余指标“本年度是否亏损”和审计独立性风险指标“审计规模”是影响审计师重要性判断的共同因素。

（2）综合两类样本的回归结果，可以看到我国审计师对出具审计意见类型的重要性判断一致性并不同，各意见类型所确定的重要性水平虽然有一定差异，但区分度并不十分明确。其中，持续经营样本中除了无保留加强调段，无法表示意见与其他意见类型的差异均比较模糊；非持续经营非标样本中无保留加强调段同其他类型的区分度较好，保留意见也有一定的区分能力，另外两种意见类型均不能明确地与其他类型相区分，而是更容易被误划为保留意见类型，表明保留意见、保留加强调段及无法表示意见这三种类型中的重要性审计程序判断有很大的模糊性。比较来看，审计师出具持续经营意见时的判断绩效要优于非持续经营非标意见，表现为后者在判断因素及重要性水平的确定两方面的一致性都较低。从指标显著性来看，各类风险因素中都只有个别指标是显著的，模型的解释度以及分类预测正确率相对于持续经营样本要低得多。

（3）此外，研究结果还表明审计师在选择非持续经营非标意见类型时独立性更容易受到损害。

第六章　重要性审计程序的判断及绩效研究

重要性审计程序判断作为一种职业判断行为，符合职业判断的一些具体特性。本章首先分析论证重要性审计程序是审计职业活动中一种重要的职业判断活动，在此基础上，借助实验研究的方法，为实验对象提供模拟环境及重要线索，考察我国注册会计师的重要性审计程序判断绩效。

第一节　重要性审计程序的实现形式：职业判断

一、判断、职业判断与审计职业判断

（一）判断的含义，以及判断与决策的关系

1. 判断的含义

要准确把握重要性审计程序是一种审计职业判断的含义，应该从“判断”谈起。根据《辞源》的解释，“判断”应取“辨明是非、予以裁定”之意。根据《辞海》的解释，判断是对事物的情况所作的断定。《现代汉语词典》[①] 的解释是从通俗的角度给出了前面两个权威界定的诠释：判断是思维的基本形式之一，就是肯定或否定某种事物的存在，或指明它是否有某种属性的思维过程。

上述的解释可以看出，判断需要辨别、断定。既然判断需要辨别、断定，那么判断面临的情况必然是不确定的。因此，可以认为，任何事项只

---

① 中国社会科学院语言研究所词典编辑室编．现代汉语词典［M］．北京：商务印书馆，1980.

要具有不确定性，就需要判断。当审计实务领域有不确定事项出现之时，关于审计领域的判断就应运而生了。而当这样的判断是审计职业人员做出的必要的、合理的判断时，就引出了审计职业判断这样一个重要的概念。而且从判断过程看，判断与断定者有关，它受断定者的知识程度、认识能力以及心理状况等因素影响。

2. 判断与决策的关系

根据《现代汉语词典》上的解释：判断是思维的基本存在形式之一，就是肯定或否定某种事物的存在，或指明它是否有某种属性的思维过程；决策是指决定策略或方法。

从两者的基本含义上来看，判断强调的是对事物及某种属性的存在与否进行分析与判断，而决策则是选择、决定采取某种方案或方法来解决存在的问题。那么，判断并不一定导致决策，只要确定某种事实的存在与否就足够了，而决策的完成却往往需要判断的参与，因为在决定选择某种方法或方案的过程中无法避免对决策相关因素的确认的估计，然后在此基础上，作更进一步的分析和比较，才能最终做出决策。

在决策研究领域，许多决策问题专家将判断视为决策的一部分。如美国决策研究专家黑斯蒂（HASTIE）认为："判断与决策是人类根据自己的愿望（效用、个人价值、目标、结果等）选择行动的过程"。在黑斯蒂的观点中，决策是建立在人们对尚不清楚事件及其结果或后果进行判断的基础之上的，决策应包含判断，离开了判断的决策就是武断。

因此，无论将判断与决策作为两个概念，还是将判断视为决策的一部分，决策问题首先是一个判断问题。在做决策之前，决策者必须对决策所涉及的各种影响因素加以考虑并做出判断，判断的质量将直接影响到决策的质量。

（二）职业判断的内涵

从职业行为的角度来阐释判断的内涵，判断是一个决策的过程，以下是三个有代表性的定义：

Gibbins 和 Emby 认为：判断是导致决策和行动的过程、是决策和行动的基础。

Kenchel 认为：判断是个体思考决策问题相关方面的过程。

迈克尔·杰宾斯、阿里斯特·K. 梅森等人（2005）认为："判断"是一个选择、决策并导致行动的过程。

这些精辟的定义意味着，判断是一个复杂的过程。理论上，判断的过程包括对问题的最初感知和确认，对信息的搜寻和收集，对获取的信息和以前知识的评价和权衡，对潜在后果的价值和效用的考虑，以及决策本身。它可能涉及一个人或几个人；可以是精心斟酌的或仅仅是出于直觉的；可能需要很长的时间或者只是需要瞬间的考虑；可以是明显的，也可以是隐晦的。但是，它的存在以需要做出有意义的决策或至少是觉得有必要选择为前提。否则，行动将会是预先决定的，而不需要判断。

从"判断"向"职业判断"过渡隐含着一个更广泛的过程。它要求判断者有相关的专业知识，以及客观与正直的职业精神，同时是出于工作的职责与要求所作的判断。因此，"职业判断"是这样一种判断，它是由有经验和有知识的人进行，在适用的职业准则的框架之内，以客观和正直态度做出的判断。

（三）审计专业判断的含义

关于审计职业判断，有以下几个代表性的观点：

阿立森·萨特克利夫、保罗-埃米尔·罗伊（2005）认为：审计中的职业判断是运用相关知识和经验，根据审计准则、会计准则和职业行为守则的要求，在各种备选方案中作出决策。

刘国常（1999）认为：专业判断是逻辑判断在审计中的应用，它是确定被审计事项是否具有某种属性的思维过程，是审计师在审计工作中必不可少的思维方式。

肖文八、程庆（2000）认为：审计师的专业判断是审计人员为了实现审计目标，依据有关标准，在审计实践和感性认识的基础上，通过自身智力和一系列的思维过程，对客观审计对象和主观审计行为作出的某种认定、评价和决策。

张继勋、杨明增（2007）认为：审计职业判断，是审计师根据其专业知识和经验，通过识别和比较对审计事项和自身的行为所作的估计、断定或选择。它是一项复杂的心智活动。

综上所述，审计职业判断具备以下几点特性：

（1）审计职业判断意味着有目的的选择，并对利益相关方产生重大影响。判断的过程相当复杂，单纯化的分析或观点是无补于事的。在运用判断的过程中，职业谨慎、客观性及诚信是必不可少的。

（2）审计职业判断过程需要时间。经验和专长可以缩短解决问题的时间。如果未经适当的谨慎就形成答案，错误可能会发生。

（3）个人的一些优点及缺点，可能影响审计职业判断。因此，记忆、学习、认知及其他心态品质，在整个职业判断过程中举足轻重。

（4）审计职业判断是一种分析性的及以信息为基础的工作。它通常涉及一连串的信息处理活动，包括信息的收集及评估、问题界定、替代方案分析、可能后果的评估等。形成判断时，谨慎、能对建议合理解释，并勇于承担责任，是必要的。

（5）审计职业判断大体上是一种集体的过程。它通常是由组织内一群人共同参与。研究发现，集体判断质量比个人判断质量好。因此，适当的咨询被认为是提高审计职业判断质量的要素。

从职业行为的角度将审计职业判断视为一个职业决策的程序过程化过程时，有三个重要方面需要提及：第一，审计职业判断是在一定的环境下作出的；第二，审计职业判断的过程是不完美的，它不仅受到逻辑缺陷的影响，而且也受到时间压力、知识不足和其他人类弱点的影响；第三，由于审计判断主体（审计师）的理性是有限的、判断的过程是内在的并且判断常常没有经过精心策划和足够细致的考虑（时间压力和成本效益原则的束缚），因此，审计职业判断是难于观测和不完美的。

Gibbions 和 Mason 通过刻度尺形象地反映了在不同选择程度上对审计

职业判断的需求变化，如图6－1所示（转引自阿立森·萨特克利夫、保罗–埃米尔·罗伊，2005）。

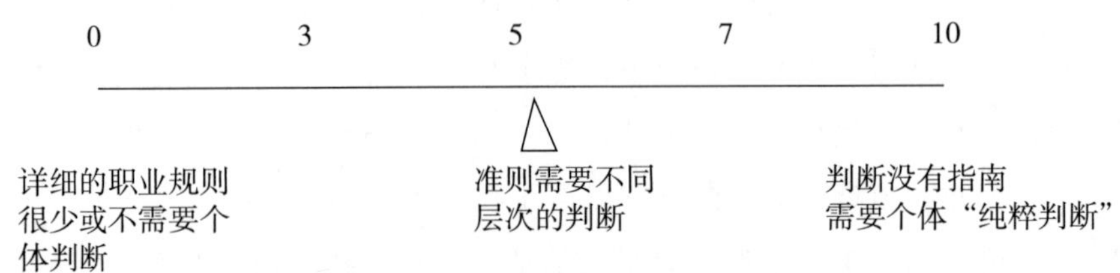

图6－1 对审计职业判断的需求

Gibbions和Mason用“0”表示当职业界已经发布了非常详细的职业规则时，审计师很少甚至不需要运用职业判断。实际上，由于职业界的“集体判断”已经详细规定了需要采取的行动，所以审计师无须作出选择。在刻度的另一端，“10”表示不存在任何职业规则，换句话说，既没有指南，也没有先例。在这种情况下，对审计师作出的选择或判断进行批评或为其辩护同样困难。Gibbions和Mason将其称为“纯粹判断”的情形。在上述两种极差情况之间存在一个平衡点“5”，这一点就是适度的“标准”。在这种情况下，必须在审计准则的框架内进行判断。在重要性审计程序的运用过程中，审计准则对审计师如何运用重要性并无详尽的指南，需要运用不同层次的判断。审计师需要根据知识、良知及经验对识别及推断错报的影响程度进行自由的判断。然而，判断具体错报的影响程度并非易事；而且，依据主观经验和逻辑规则进行重要性审计程序判断，应该有严格的限制，否则易受主观影响走向恣意判断，影响审计效果。

二、重要性审计程序是一种职业判断行为

重要性审计程序是一种职业判断行为，各国审计准则都要求审计师在确定重要性审计程序时应运用重要性判断。谢志华（2000）剖析了审计职业判断与重要性审计程序的密切关系，指出审计师既要保证审计结论有助于委托人的正确决策，又要保证审计能以较低成本及时提供审计结论。实现这一均衡的关键是审计职业判断。张继勋、侯青川（2003）曾对我国注

册会计师审计职业判断状况进行了问卷调查，结果表明，99.12%的被调查者认为，在确定重要性审计程序时，需要运用职业判断。职业判断得以发生作用的基础是重要性理念的运用。亦即审计透过对审计事项的重要性判断，权衡审计风险的大小，以及选择适用的审计程序和方法。

但我们在职业规则中，却无法找出任何明确规定，使得审计师可以根据它们判断重要性审计程序的确定是否合理。其原因，或许在于人们早已习惯将此重任归责于审计师的职业判断。

重要性审计程序作为一种职业判断，并没有详尽的职业规则对审计师行为的选择提供指导，重要性审计程序职业判断的真正含义是：重要性判断并不要求审计师报告他们确信的方法，也不为审计师确定任何规则，要求他们必须按照这些方法、规则来确定重要性审计程序。合理运用重要性审计程序判断，对于审计师而言，意味着审计师可以运用自己具有的专业知识和经验以及“普遍认知能力”来自主判断各个层次具体审计项目的重要性，从而做出审计估计、判断和选择。就这一点而言，重要性审计程序作为一个多层次的行为过程，需要审计师进行“心证”①。审计准则虽然没有出现“心证”的字样，但是，出现了“对需要运用职业判断的所有重大事项，注册会计师应当记录推理过程和相关结论”② 等更加严格具体的要求，都没有限制审计师职业判断的自由，都不可否认和禁止审计师的心

① 心证常常被称为“内心确信（assurance）或者自由的证明”。李祖军（2004）认为，心证是在进行事实认定时，能够不受法律规则的约束而对证据的证明力进行自由的评判。案件的具体情况是纷繁复杂的，证据的内容和形式是多种多样的，社会的环境状态也是不断发展变化的，因此，由法律事先把一切都明文规定下来的做法在理论上是荒谬的，在实践中也是不可行的。心证原则的突出优势在于，它在原则上视各种证据的法律价值一律平等，具体证据的价值或证明力并不机械地予以规定，其价值或证明力经由法官根据具体案件依据经验法则和逻辑规则进行自主判断，其合理性不言自明。因此，近代以来心证制度逐步受到世界各国的青睐。本文此处引入“心证”概念，是为了更加详细地说明笔者对于“重要性审计程序判断”技术的理解。龙宗智（2004）指出，“心证”一词属于大陆法系的法概念，英美法系缺乏对应性的专门术语，英语中未曾见到相应的专用术语，曾见到有美国学者将大陆法的这一原则翻译为“free evaluation of evidence”——转引自：龙宗智．印证与自由心证——我国刑事诉讼证明模式［J］．法学研究，2004（2）：15－18.

② 详见《中国注册会计师鉴证业务基本准则》第四十八条的条文规定。

证。而加拿大特许会计师协会 1995 年研究报告《审计中的职业判断》认为进行重要性审计程序判断时，离不开审计师的心证（［加］阿立森·萨特克利夫，保罗-埃米尔·罗伊，2005）。

重要性审计程序判断的核心内容可以表述为：对于重要性审计程序的评价与判断，职业规范中并不存在预设规定，而是委托诸审计师根据具体审计活动并运用他们所拥有的专业知识和认识能力作出相应评判。这种评价方式是自由的，但也是相对的。因为它首先要受实施重要性审计程序评价的目标所限，通过该过程，合理保证财务报表不存在重大错报，这是客观标准；其次，这种自由并非纵容审计师恣意判断，而是要求他们的判断必须遵守理论法则、经验规则。

重要性审计程序判断的另一层含义是指，审计过程中审计师是根据他们的内心确信来评价被审项目的重要性，并据此发表审计意见，这层含义所涉及的是重要性审计程序的评价标准问题。然而，判断具体审计事项的重要或不重要并非易事；而且，依据主观经验（Subjective Experience）和逻辑规则（Logic Laws）进行重要性审计程序判断，应该有严格的限制，否则容易受主观性的影响甚至走向极端，降低重要性审计程序判断的效果。正确认识并有效克服重要性审计程序判断中可能存在的局限，是提高重要性审计程序判断效果的重要基础。

第二节　重要性审计程序判断绩效的考察

一、重要性审计程序判断绩效的含义

审计师的重要性判断最终要表现为一定的成果，即重要性审计程序判断绩效。它不仅是衡量重要性审计程序判断优劣的标准，同时也是确定审计师责任的基础。我们可以参照审计判断质量的定义来理解重要性审计程序判断质量的定义。

高质量的审计职业判断是形成正确审计意见的基础。Libby（1995）

认为：审计判断绩效是审计判断与一定的判断标准相符。张继勋（2002）认为此定义是对一个好的判断绩效的定义，并不是对审计判断绩效的一般定义，因为审计判断绩效可能好也可能差。他认为，审计判断绩效是审计判断结果与一定的标准的相符程度。因此，作者认为，重要性审计程序判断绩效是重要性审计程序的执行、判断结果与一定的标准相符的程度。

二、重要性审计程序判断绩效的评价

重要性审计程序判断是一项复杂的心理和社会活动。关于审计判断绩效的评价，心理学家 Brunswik 在其针对人类的判断行为构建的透镜模型（Lens Model）中，以准确性作为衡量判断质量的标准，并用判断者对其所使用判断线索赋予的权重与未知事物线索和客观权重的关系加以衡量。这一标准同样适用于审计判断，正如 Trotman 指出，评价审计判断绩效最为明显的标准是准确性。但只有很少的研究使用这一标准，因为对于许多审计任务而言，不存在一个明确的可以与判断（和决策）相对比的外部标准或实现的结果，评估其准确性是十分困难的（Solomon 和 Shields，1995）。因此在审计判断研究中往往采用一致性作为准确性的替代标准，其原因有二：一是判断的一致性与准确性之间存在关联，而且在许多情况下准确性的判断标准和衡量是存在问题的；二是许多实务中，判断的一致性很重要（Ashton，1982）。因此，本研究采用一致性作为重要性审计程序判断绩效的衡量标准，一致性包括共识性（Consensus）、稳定性（Stability）。此外，自我洞察力（Self－insight）也是审计判断绩效的评价标准之一，国外许多学者（Ashton，1982；Messier，1983；Krogstad 等，1984）都采用它来衡量审计判断绩效，本文亦采用这一标准来衡量重要性审计程序判断的绩效。

（一）准确性和共识性

在理想的情况下，重要性审计程序应当运用诸如准确性和“正确性”

等客观的、可计量的外部标准。准确性是指通过特定的标准来衡量某项判断的精确性或者一致性（阿立森·萨特克利夫、保罗-埃米尔·罗伊，2005）。

然而，在许多审计决策中并不存在客观的外部标准。在这种情况下，通常需要借助于共识性（Consensus）来作出判断。共识是不同的审计师在同一时间根据相同的资料作出判断的一致性程度。Hicks（1974）声称，在最理想的状态下，给定同样的事实集合，审计师将选择相同的审计程序并且运用范围相同。共识性是个体决策者之间彼此认同的程度，在审计业务中，一致意见是指大多数审计师的意见（Murry and Regel，1992）。在对许多审计决策的准确性缺乏判断标准的情况下，共识性已经成为评价决策质量的公认标准。显然，缺乏共识性将对审计意见的准确性及审计的效率和效果产生不利的影响。在审计判断的研究中，多个审计师的一致意见是用于评价某一审计师的有关决策质量的最常用标准（Trotman，1999）。而这里所说的作为参照标准的审计师，通常都是经验丰富的审计师或专家。Ashton（1982）表明，共识是准确性的好的替代物。专业准则的一个目的就是缩小执业人员在执业中的差异并因此提高公众对审计过程的信心。

需要注意的是，虽然共识与准确性正相关（Keasey 和 Waston，1989），并且在一组审计师中缺乏共识表明一些审计师的判断是不准确的（Libby 和 Lewis，1982），但共识性不完全等同于准确性，因为专家或经验丰富的审计师的判断仍然是一种主观估计，只不过符合实际的可能性更大。高水平的共识也可能是审计师共有的教育经历和专业培训的函数。

可见，准确性标准是重要性审计程序判断绩效最终要实现的目标，而共识性是目前我国重要性审计程序判断绩效可行的选择。因为目前的重要性审计程序决策并不存在客观的外部标准，此时，只能借助共识性来评价重要性审计程序判断的绩效。

在重要性审计程序判断中，共识的评价可以根据审计师在具体任务中的判断与专家或经验丰富的审计师的判断进行比较而得出。在本章中，共识性的衡量方法是计算注册会计师判断结果与其他注册会计师判断结果皮尔逊相关系数的均值。

（二）问题识别指标和自我洞察力

“问题识别指标”是一种可感知的状况。例如，在医学领域，对于内科医师而言，疾病的症状就是实施治疗的问题识别指标。在审计领域，问题识别指标是指诸如存货报废、赢利能力存在降低趋势、对有关监管要求的背离或者会计政策变更等各种情况。它们将对审计师的判断产生重大影响。

自我洞察力是指审计判断的统计描述（由判断模型提供）与对那些判断的主观描述（由审计师自己提供）之间的相符程度（Ashton，1974）。自我洞察力可通过问题识别指标和对每个识别指标主观赋予的权重之间的关系（例如，可以在百分制下将分值分摊至各个识别指标）表示。这种方法是将决策的过程予以数据模型化，从而反映审计师对于决策过程的理解程度。具备高度的自我洞察力十分重要，因为审计师通常需向他人解释或与他人讨论其结论。而且，具备自我洞察力的审计师在对没有经验的审计师进行培训时能够向其传授知识并提供帮助。自我洞察力是重要的，因为审计师可能被要求向其他人描述自己的决策过程并解释和讨论其结论。并且，具备自我洞察力的审计师在对没有经验的审计师进行培训时能够向其传授知识并提供帮助（阿立森·萨特克利夫、保罗-埃米尔·罗伊，2005）。这个指标与审计培训和审计小组负责人的任命有关系。

自我洞察力表示审计师对其使用判断政策的了解程度，具体而言，是指问题识别指标（或线索），即客观权数采用 HAYS 提出的 ω^2 表示。ω^2 值能够估计个体判断的总方差中，能够被某一特定主体效应或交互效应解释的百分比，即 ω^2 值衡量在判断过程中所使用每个线索的程度（张继勋等，2006）。根据双因子方差模型，ω^2 值的计算如下：

$$\omega_n^2 = \frac{S_n - (K-1)M}{TS + M}$$

其中：ω_n^2 为第 n 个线索的 ω^2 值，S_n 表示第 n 个线索的误差平方和，TS 表示所有线索的均差平方和，K 表示自由度，在这里，$K = 2$。

同样，对于各个线索之间交互作用的 ω^2 值，

$$\omega_{ab}^2 = \frac{S_{ab} - (L-1)(J-1)M}{TS + M}$$

其中：ω_{ab}^2 为第 a 和 b 个线索之间交互作用的 ω^2 值，S_{ab} 表示第 a 和 b 个线索之间的均差平方和，L 和 J 分别表示第 a 与 b 个线索的自由度，同样，$L = 2$、$J = 2$。

（三）一贯性和稳定性

一贯性是指由同一审计师所作出的不同判断之间的关系（阿立森·萨特克利夫、保罗–埃米尔·罗伊，2005）。例如对控制风险的评价与对所需投入工作的判断，这两者之间应当具备一定的内在一贯性；也就是说，控制风险越大，所需要的审计努力则相应增加。

稳定性则是审计师针对同样的问题在不同时点所作出的判断之间的关系。也就是说，在不同的时点或针对不同的被审计单位，在相同或类似的情况下，同一审计师应当得出相同或者相似的结论。同一审计师只有在不同的情况下才可能作出不同的结论。稳定性反映了审计决策的质量，因为不稳定的判断将会对准确性产生不良的影响。但值得注意的是，随着会计准则的不断演进发展，以往可行的处理方法有可能不再适用。显然会计准则的变化将会导致审计师得出不同的结论。

在本章中，稳定性的衡量方法是计算注册会计师在不同时间对同一状况判断结果的皮尔逊相关系数。

三、文献回顾与研究假设

20 世纪 70 年代以来，重要性审计程序判断绩效一直是国外审计判断

研究中的一个重要领域。国外的研究主要是围绕以下几个方面：Messier（1983）研究审计经验、事务所类型和财务变量对重要性审计程序判断绩效的共识（Consensus）、自我洞察力（Self - insight）和稳定性（Stability）的影响，发现审计经验和事务所类型会影响重要性判断的共识（Consensus）。Estes 和 Reames（1988）发现人员特性会影响审计师的重要性决策以及决策中的自信。在该研究中，人员特性包括审计师在上市公司审计中的年龄和经验，研究发现审计师的信心与外部审计的经验正相关。

但遗憾的是，以上的实验都是在美国的背景下进行的。任何审计判断都是在特定的环境下做出的，与审计师面临的特定教育、文化、社会和经济制度背景有着密切的联系。因此，了解不同环境下重要性审计程序判断质量将为此项研究提供更加丰富的结论和证据，迫切需要把此项研究推广到我国的制度背景下。然而，在我国，虽然已经有学者认识到了审计判断的重要性，但是相关研究刚刚起步，主要是对国外审计判断研究的回顾与前瞻。也有一些学者采用案例和实验的方法对这一问题进行了初步探讨，钱玲采用实验方法研究了经历、知识、能力对电算化审计判断业绩的影响，但实验的对象是学生，学生和注册会计师在一些方面存在着较大的差异（钱玲，2004）。

值得注意的是张继勋教授近年来开展的一系列审计判断实验活动及其取得的一系列成果。张继勋等（2006a）以内部控制风险评估为案例，采用实验的方法对我国注册会计师的审计质量判断进行检验，发现我国注册会计师共识、稳定性和自我洞察力已经达到了相当高的水平，但与国外的相似研究结果相比，还存在着明显的差距。后续研究中，张继勋等（2006b）将会计师事务所区分为有证券、期货业务资格事务所和无证券、期货业务资格事务所，发现前者的注册会计师共识、自我洞察力等审计判断质量衡量指标略好于后者，但不显著。张继勋等（2008）在前述研究成果的基础上，将内部控制风险评估作为一般任务并将分析程序风险评估作为高级任务。他们发现在作为一般任务的内部控制风险评估中，有经验审计师和缺乏经验的审计师在稳定性和自我洞察力方面不存在显著差异，但有经验的审计师的共识显著高于后者；而在作为高级任务的分析程序风险评估中，有经验的审计师的共识和稳定性均显著高于缺乏经验者，但两者在自我洞察力方面没有明显差异。张继勋等开展的系列实验对于审计判断研究无疑是具有开拓性的，但遗憾的是在作为审计判断的一个重要领域——重要性审计程序判断，目前尚未有学者对此展开实验研究。

此外，1996 年财政部与中国证监会印发的《会计师事务所、注册会计师从事证券相关业务许可证管理暂行办法》（财会协字〔1996〕11 号）规定，具有从事证券相关业务许可证的会计师事务所，在 1997 年年底前，注册资本应达到 200 万元，风险基金应达到 100 万元，专职从业人员应不少于 60 人，其中职龄人员所占比例应不低于 60%，事务所具有从事证券相关业务许可证的注册会计师不少于 8 人。上述规定人为地把事务所分为有资格所和无资格所，但此时主要强调事务所的规模。2000 年财政部和中国证监会印发的《注册会计师执行证券、期货相关业务许可证管理规定》（财协字〔2000〕56 号）把资格所的准入门槛进一步提高，指出会计师事务所申请证券许可证应当将内部质量控制制度和其他管理制度健全并有效执行，执业质量和职业道德良好，在以往 3 年执业活动中没有违法违规行为。2004 年财政部和中国证监会起草的《注册会计师从事证券、期货相关业务注册管理办法（征求意见稿）》则取消了注册会计师从事证券期货业务的个人资格认定，将资格所的准入门槛由行政管理转为注册管理。2007 年 4 月财政部和证监会联合发布的《关于会计师事务所从事证券、期货相关业务的通知》进一步提高了资格所的准入条件：注册会计师不少于 80 人，其中通过注册会计师全国统一考试取得注册会计师证书的不少于 55 人，上述 55 人中最近 5 年持有注册会计师证书且连续执业的不少于 35 人；有限责任会计师事务所净资产不少于 500 万元，合伙会计师事务所净资产不少于 300 万元；职业保险的累计赔偿限额与累计职业风险基金之和不少于 600 万元；上一年度审计业务收入不少于 1600 万元。因此，从上面的有关规定可以看出，有关部门越来越强调执行上市公司审计的会计师事务所的执业质量问题，并将其作为必备的基本条件。上述条件都为具有从事证券、期货相关业务许可证事务所的注册会计师做出高质量的职业判断提供了良好的基础。此外，比较而言，此类注册会计师拥有更多的培训机会；同时由于上市公司审计业务要求高，业务复杂，容易积累作为判断基础的审计经验，相应地，其重要性审计程序判断绩效应该比较高。

本章具体研究两个问题：一是检验我国注册会计师的重要性审计程序判断绩效，确定我国注册会计师的重要性审计程序判断绩效状况，解释我国注册会计师重要性审计程序判断形成的过程；二是比较具有从事证券、期货相关业务许可证与不具有从事证券、期货相关业务许可证的事务所工作的注册会计师的重要性审计程序判断绩效的差异。

第三节　研究方法

一、实验设计

本研究采用实验研究方法。实验研究方法是一种通过自变量的变化来研究变量之间因果关系的方法（莱茵哈德·泽尔腾，2006），该方法是研究重要性审计程序判断和决策的主要方法。本书采用二水平部分析因实验设计（$3\times2^8\times1/16$）。实验向注册会计师提供重要性审计程序线索，此案例共包括8条线索，即8个因子，每个线索有两个水平，如表6－1所示，采取被试内设计[①]。组合后共有256（2^8）个案例，为避免案例太多导致参与者有倦怠感，我们从中随机选取了16个案例。参与者的经验水平通过被试分为审计合伙人、审计经理和助理人员来进行操控，采取被试内设计。

为了衡量判断共识，我们分别计算每一位被试对重要性审计程序判断任务中16个案例（附录3列举了其中的一个实验案例）与同一经验组内所有其他被试判断的皮尔逊相关系数，这些相关系数的平均值即为该被试在该任务内的判断共识。为了测试被试的稳定性，我们采用Joyce（1976）

① 实验设计的一种类型。被试内设计（within-subjects design），要求每个被试必须接受自变量的所有情况的处理。

的方法，从每个实验任务的16个案例中随机选出4个案例，放在16个案例之后进行重复测试，新增加的4个案例的排列顺序是随机的。每个被试对重要性审计程序判断任务中重复测试的4个案例前后两次的皮尔逊相关系数即为对该任务判断的稳定性。为了测试被试的自我洞察力，我们在实验任务之后请他们为各任务中每个线索的权重评分，以衡量他们在判断过程中对每个线索的重视程度；以他们在判断过程中使用每个线索的程度作为其赋予各线索的客观权数。

8条线索从概念上分为两组。前4条线索是文献研究中建议的最具代表性的影响重要性判断的性质线索，如Firth（1979），Messier（1983）；后4条线索是公认的最密切的影响重要性决策的财务线索，如Moriarity和Barron（1976），Holstrum和Messier（1982）。将线索的数量限定为8条是为了避免线索太多，导致参与者倦怠。

二、实验任务

本项研究中，我们以Krogstad等的案例为基础，结合我国的情况，表6－1提供了8条重要性审计程序线索。实验要求参与者假若自己为会计师事务所的主要负责人，根据提供的各种线索，判断被审计单位应收账款应计提的坏账准备金额是否重大。并在此基础上，要求参与者针对如若被审计单位不接受相关的调整分录，判断应出具的审计意见类型。

表6－1　　　　实验使用的8条主要线索

线　索	各线索的情况	
	强	弱
1. 被审计单位自身的发展趋势	多元化、扩张性行业	单一、萎缩行业
2. 被审计单位组织形式	公开上市公司，财务报表主要使用者是股东	私有非上市公司，财务报表主要使用者是债权人
3. 被审计单位采取会计政策的趋向	保守	激进

续　表

线　索	各线索的情况	
	强	弱
4. 被审计单位内部控制的评价	健全	薄弱
5. 被调整事项对被审计单位资产负债率的影响（该行业的资产负债率一般在 50% ~70%）	资产负债率由 50% 上升为 60%	资产负债率由 70% 上升为 80%
6. 该调整事项对被审计单位净利润的影响	净利润下降 2.7%	净利润下降 7.3%
7. 该调整事项对被审计单位净资产的影响	净资产下降 2.1%	净利润下降 6.3%
8. 该调整事项对被审计单位的每股收益趋势的影响	没有改变过去三年每股收益增加的上升趋势	改变了过去三年每股收益增加的上升趋势

本实验之所以选择该项任务基于两点考虑：一是评价应收账款的坏账准备应计提比率是财务报表审计工作的常规业务，多数审计师对此业务比较熟悉；二是在财务报表审计中，应收账款审计是一项非常重要的业务。在所有案例填答完毕后，请被试回答在做前述判断时，上述 8 个因素的相对重要程度并予以评分，总分为 100 分，此分数与总分之比即为被试判断的主观权数。

三、被试及实验过程

被试是实验对象，本实验的被试是来自全国性、地方性会计师事务所的注册会计师①，共 129 人，其中来自证券、期货相关业务许可证的事务所 79 人，没有证券、期货相关业务许可证的事务所 50 人，平均审计工作年限为四年。

基本程序包括三步：①研究目的，详细指令，样本案例分发给每一位参与者；②要求每一位参与者判断实务案例，能确保每一位参与者，特别

① 本实验中所称注册会计师包括注册会计师及其助理人员。

是助理人员，有充分的时间理解程序；③32 个审计案例（16 个重复）分发给每位参与者。我们把实验案例随机分发给参与实验的注册会计师，并待其完成后收回。

第四节　数据分析与实验结果

一、共识

前已述及，本文衡量重要性审计程序判断绩效的指标是共识、稳定性和自我洞察力，以下我们将根据实验数据对这三个指标进行分析，并在此基础上分析有资格所和无资格所之间重要性审计程序判断绩效是否存在显著差异。

共识是指不同的注册会计师在同一时间根据相同资料做出判断的一致程度。根据实验结果，我们计算了作为被试的每一位注册会计师判断结果与其他注册会计师判断结果的皮尔逊相关系数的均值，并以此来衡量共识，相关系数的均值越高，共识也就越高。共识的描述统计如表 6 - 2 所示。

表 6 - 2　　共识的描述统计

	N	Minimum	Maximum	Mean	Std. Deviation
X	129	-0.23	0.75	0.61	0.14
Valid N (listwise)	129				

从表 6 - 2 可以看出，被试对重要性审计程序判断共识的均值为 0.61，最小值为 -0.23，最大值为 0.75，标准差为 0.14，说明被试的平均共识已经达到了相当高的水平，但仍然低于 Messier 的 0.76、Krogstad 等的 0.72 的实验结果。

表6－3　　　　　　　　　　共识的单样本T检验结果

Test Value ＝0.76						
X	t	df	Sig.（2－tailed）	Mean difference	95% Confidence Interval of the Difference	
					Lower	Upper
	－5.34	128	0.000	－0.28	－0.36	－0.19

单样本T检验结果（表6－3）表明实验结果的平均共识与Messier的平均共识0.76的差异为－0.15，且这一差异显著（$p<0.05$），这说明，作为被试的我国注册会计师判断平均共识显著低于美国注册会计师的平均共识。进一步分析发现，本实验中相当一部分注册会计师的共识低于0.6，占24%，还出现了一个负相关，而在Messier的实验中共识低于0.6的只有3%，比较而言，我国有相当一部分注册会计师的共识比较低，这也是导致其平均共识比较低的原因。

表6－4　　　　　　　　　　共识的两独立样本T检验结果

	N	Minimum	Maximum	Mean	Medium	Std. Deviation	Mean difference	t	p
无资格组	50	0.11	0.78	0.6553	0.6936	0.1225	－0.0318	－0.762	0.431
有资格组	79	0.36	0.78	0.6871	0.7132	0.0783			

从表6－4可以看出，无资格组对重要性审计程序判断的共识均值为0.6553，有资格组对重要性审计程序判断的共识均值为0.6871，因此有资格组的审计判断绩效比无资格组的审计判断绩效稍高，但两者差异并不显著（$p>0.05$）。另外，无资格组的标准差大于有资格组，也从另外一方面说明了无资格组共识水平低并且波动较大。

二、稳定性

稳定性指注册会计师针对同样问题在不同时点所做出判断的一致性。为了衡量稳定性，我们按照二分之一部分析因实验选择的16个案例中挑选4个案例，放在16个案例之后，根据被试的回答结果，计算被试对前后完全相同的四个案例判断结果的皮尔逊积差相关系数，这个系数就是稳定性指标。相关系数越高其稳定性越强。稳定性系数的描述统计如表6－5所示。

表6－5　　稳定性描述统计

	N	Minimum	Maximum	Mean	Std. Deviation
X	129	－0.79	1.00	0.64	0.46
Valid N（listwise）	129				

从表6－5可以看出，被试对重要性审计程序判断结果的皮尔逊相关系数均值为0.64，这一结果低于Messier的0.90、Krogstad等的0.89的实验结果。单样本T检验结果（表6－6）表明实验结果的平均共识与Krogstad等的平均共识0.89的差异为－0.25，且这一差异显著（$p < 0.05$），这说明，作为被试的我国注册会计师重要性判断平均稳定性显著低于美国注册会计师的平均稳定性。在Messier的研究中仅有6%（4人）的被试低于0.70，而我国被试的个体差异比较大，皮尔逊相关系数的最小值为－0.79，而最大值为1；皮尔逊相关系数为0及以下的占23.3%，皮尔逊相关系数在0.50～0.67的占20.4%，皮尔逊相关系数在0.7以下的占42.5%，也就是说，有近一半作为被试的注册会计师的稳定性比较低。与共识相比，稳定性低于共识，说明单个注册会计师在两个时点上判断的一致性小于不同注册会计师在同一时点上判断的一致性。

表6－6　　稳定性的单样本T检验结果

Test Value ＝0.89						
X	t	df	Sig.（2－tailed）	Mean difference	95% Confidence Interval of the Difference	
					Lower	Upper
	－5.349	128	0.000	－0.25	－0.35	－0.18

从表6-7可以看出，无资格组对重要性审计程序判断的稳定性均值为0.558，有资格组对重要性审计程序判断的共识均值为0.513，反而低于无资格组的稳定性，但两者的者差异并不显著（$p>0.05$）。无资格组稳定性的最小值为-0.63，最大值为1，中位数为0.728，标准差为0.47。有资格组稳定性的最小值为-0.81，最大值为1，中位数为0.563，标准差为0.438。因此从以上数据看，无资格组的稳定性反而高于有资格组。

表6-7　　稳定性的两独立样本T检验结果

	N	Minimum	Maximum	Mean	Medium	Std. Deviation	Mean difference	t	p
无资格组	50	-0.63	1	0.558	0.728	0.47	0.045	0.618	0.536
有资格组	79	-0.81	1	0.513	0.563	0.438			

三、自我洞察力

自我洞察力是指注册会计师对其所使用判断政策的了解程度，通过被试判断时运用的客观权数和主观权数的皮尔逊相关系数来表示。主观权数可以从实验过程中得到，客观权数需要以方差分析为基础计算ω^2值。首先对每个被试的判断结果进行方差分析，再根据F值显著（$p<0.05$）的线索，按照前述公式计算主效应的ω^2值，两者相加即为该主效应的总ω^2值。事实上，除二阶交互效应之外，还存在着高阶交互效应，已有研究表明，在判断与决策的研究中高阶交互效应是可以忽略的（Goldberg I.，1968），因此，此处只考虑了二阶交互效果；主效应的总ω^2值除以各主效应的总ω^2值之和，即为该主效应客观权数。ω^2值的高低代表判断者对该线索的重视程度。自我洞察力描述统计见表6-9。

表 6－8　　自我洞察力的描述统计

	N	Minimum	Maximum	Mean	Std. Deviation
X	129	－0. 89	1. 00	0. 58	0. 46
Valid N（listwise）	129				

从表 6－8 可以看出，我国被试对重要性审计程序判断的自我洞察力均值为 0. 58，低于 Messier 的 0. 83、Krogstad 等的 0. 77 的实验结果。

表 6－9　　自我洞察力的单样本 T 检验结果

Test Value ＝0. 83						
X	t	df	Sig.（2－tailed）	Mean difference	95% Confidence Interval of the Difference	
					Lower	Upper
	－4. 742	128	0. 000	－0. 25	－0. 28	－0. 12

单样本 T 检验结果（表 6－9）表明，本实验结果与 Messier 的 0. 83 的实验结果差异为－0. 25，且这一差异显著（$p < 0.05$），这说明，作为被试的我国注册会计师重要性判断平均自我洞察力显著低于美国注册会计师的平均自我洞察力。同时，也说明我国注册会计师总体上对自己使用的判断政策的知悉程度相对较低，但也有相当数量注册会计师的自我洞察力达到了较高的水平，比如自我洞察力在 0. 76 以上的占 42%，在 0. 88 以上的占 24%。同时，我国注册会计师自我洞察力的个体差异也比较大，最大值为 1，最小值为－0. 89，标准差为 0. 46，表明有些注册会计师完全误解了自己的判断政策（自我洞察力在－0. 89 的占 15%），有的则完全了解自己的判断政策。这也是我国注册会计师自我洞察力总体平均值比较低的原因。表 6－8 的实验结果显明，稳定性与自我洞察力显著相关，相关系数为 0. 281（$p < 0.01$），这说明被试的自我洞察力越高，越清楚自己的判断政策，其稳定性也就越高。因此，稳定性低与被试的自我洞察力低有关。

表 6-10　　　　　　自我洞察力的两独立样本 T 检验结果

	N	Minimum	Maximum	Mean	Medium	Std. Deviation	Mean difference	t	p
无资格组	50	-0.72	1	0.607	0.713	0.3617	-0.008	-0.1042	0.917
有资格组	79	-0.71	0.99	0.615	0.773	0.4038			

从表 6-10 可以看出，无资格组对重要性审计程序判断的自我洞察力均值为 0.607，有资格组对重要性审计程序判断的自我洞察力均值为 0.615，有资格组略高于无资格组，差异并不显著（$p > 0.05$）。无资格组自我洞察力的最小值为 -0.72，最大值为 1，中位数为 0.713，标准差为 0.3617。有资格组稳定性的最小值为 -0.71，最大值为 0.99，中位数为 0.773，标准差为 0.4038。因此从以上数据看，两组在自我洞察力审计判断绩效上并不存在显著差异。

四、判断模型

判断模型是指注册会计师判断过程中对某个线索的利用情况（是线性的还是非线性的），也称审计判断策略。在此是通过显著效应的 ω^2 值的分析来描述判断模型的。基于方差分析的 ω^2 值是方差被某一因素解释的部分。前已述及，ω^2 值用于估计总体方差中能够被某一特定的主效应和交互效应解释的程度，所有主效应的 ω^2 值越大，代表判断策略越线性化，说明被试对该线索重视的程度越高。在本项实验中，被试平均主效应显著个数 3.18；主效应解释了判断方差的 87%，而被交互效应解释的只有 12%；四个以上主效应显著的人员近一半，这说明被试的判断方差基本上是被主效应所解释，换言之，在判断过程中，并没有在八个要素间寻找合适的组合，而是独立评价案例中的每个要素。因此，可以得出结论：被试的判断模型呈线性化。

表 6-11　　各线索主效应的值

线　索	主效应的值
线索 1	0.03
线索 2	0.04
线索 3	0.06
线索 4	0.04
线索 5	0.25
线索 6	0.29
线索 7	0.13
线索 8	0.03
各线索主效应值合计	0.87

就具体线索而言，不同的线索有不同的重要性，所有被试的 ω^2 值加以平均可以得出每条线索的 ω^2 值。从表 6-11 可以看出：线索 6“该调整事项对被审计单位净利润的影响”最受重视，其 ω^2 值占总方差的 29%；其次是线索 5“该调整事项对被审计单位资产负债率的影响”，其 ω^2 值为 25%；再次是线索 7“该调整事项对被审计单位净资产的影响”，其 ω^2 值为 13%；上述三个线索解释了总方差的 67%，而线索 1、线索 2、线索 3、线索 4、线索 8 分别占总方差的 3%、4%、6%、4%、3%，只解释了很小部分。这也表明目前我国审计师在重要性判断时更关注数量因素的影响，而对性质因素的关注度明显是较为忽视的。

第五节　本章小结

本研究以我国注册会计师审计为背景，以重要性审计程序判断作为案例，采用实验的方法对我国注册会计师的重要性审计程序判断绩效进行了检验。研究结果表明：

（1）我国注册会计师的共识、稳定性和自我洞察力已经达到了相当高的水平，换言之，我国注册会计师的重要性审计程序判断绩效已经达到了一定的水平，这与我国注册会计师协会和会计师事务所开展的各种形式的培训、实践训练和指导，以及审计准则的有效指导是分不开的。

（2）我国注册会计师的稳定性和自我洞察力的标准差比较大，有相当一部分注册会计师重要性审计程序判断绩效比较高，也有相当一部分注册会计师重要性审计程序判断绩效比较低，这可能是由于我国注册会计师个体素质差异比较大而导致的。

（3）我国注册会计师重要性审计程序判断的稳定性低于共识，说明单个审计师在两个时点上判断的一致性小于不同审计师在同一时点上判断的一致性。

（4）与国外的相似实验研究结果相比，还存在着明显的差距，其中稳定性和自我洞察力差距比较大，这可能与我国注册会计师审计历史比较短，整个职业的成熟度不够和整体素质不够高有关。

（5）从重要性审计程序判断模型来看，实验任务中的 8 条线索的主效应解释了判断方差的绝大部分，交互效应只解释了很小的一部分，注册会计师的判断模型明显呈线性化；注册会计师在判断过程中，最重视的因素是调整事项对被审计单位净利润的影响。这一发现与国外的相关研究结果相吻合。此外研究还发现，注册会计师在重要性判断时更注重数量标准的影响，而忽视性质标准的影响。

（6）有证券、期货从业资格事务所注册会计师的共识、稳定性和自我洞察力略高于无证券、期货从业资格事务所的注册会计师，但不显著，换言之，我国的上市公司审计市场准入制度并没有带来重要性审计程序判断绩效的显著提高。

第七章　重要性审计程序的综合评价模型构建

为了客观、系统、有效地评价重要性审计程序，一个关键问题是在考虑数量标准的同时，有效地整合性质标准。本章将重要性审计程序判断的影响因素分解为三级指标体系，采用层次分析法（AHP）确定各指标的权重，构建了模糊综合评价模型（Fuzzy）。该模型融合了定性分析与定量分析的优点，为科学、合理地评价重要性审计程序做了一个有益的尝试。

第一节　模糊综合评价模型的形成原理

重要性审计程序判断处于复杂多变的社会经济环境中，对系统内各因素难以确知和控制。因此，用作重要性审计程序判断依据的信息总是带有一定的不确定性、模糊性，人们很难用一个确定的数据来评价各因素的状态，因而易导致重要性判断的不恰当，以至发表不合适的审计意见。所以，实务界和理论界都在尝试各种方法对重要性审计程序进行合理有效性评价。而由于重要性判断各因素具有多属性且各属性通常不可兼容，造成各部分之间常不具有可比性，再加上各部分之间交互影响与作用，所以重要性审计程序判断有一定的困难。我们对影响重要性审计程序判断的若干因素采用层次分析法，通过划分等级或打分的方法来判断各影响因素对重要性判断的影响程度，转化为模糊语言，以辅助审计师的判断决策。

一、理论基础

（一）模糊理论

模糊理论（Fuzzy Theory）（王立新，2003），是由美国控制学专家 Lotfi Zadeh（1965）为了解决工程设计上有关语意问题所提出，是一种以数学方式表征模糊语意的方法，为一种符合人类思考行为的数值处理模式。而在人类活动的广阔范围中，可以利用数学的观点将活动中所遇到的现象大致分为三类：确定现象、随机现象、模糊现象。为解决确定现象，逐步发展出的数学工具有几何、代数、数学分析、微分方程等，习惯上将它们称为古典数学；概率论与数理统计是研究随机现象的数学工具；而模糊数学则是研究模糊现象的数学工具。

模糊理论与传统古典数学理论之间，最大的差异在于模糊理论以多值函数的观点来描述其研究对象，而不使用传统的二元化逻辑来设定明确的区隔界限，允许模糊和不确定性的存在，尤其在处理与人有关的事务上，更能显现出优于古典数学的明确的处理方式。

（二）层次分析法

层次分析法（Analytic Hierarchy Process，AHP）（胡知能、徐玖平，2003）是由美国运筹学家 T. L. Saaty 教授于 20 世纪 70 年代针对解决大型的复杂问题而提出的一种综合进行定性与定量分析的决策方法。这种方法能够描述相当复杂系统下众多因素并行的内部运动，通过测量和估价整体中的各个部分对系统的影响来综合所需要的结果，并保证解决问题的模型具有良好的合理性、适用性、有效性和系统性。

层次分析法的基本原理就是根据问题的性质和所要达成的目标把一个复杂的无结构化问题，分解为它的若干组成部分或因素，按照各因素的属性和隶属关系对因素分组，形成一个按层次自上而下的互不相交的逐层支配关系结构；上一层次的因素对相邻的下一层次的全部或某些因素起着支配作用，针对上一层的某一要求，把下一层与之相关的各个不能精确度量的因素，通过两两比较，按重要性等级赋值，并对比较结果进行一致性检验，直到符合实际情况为止，完成定性分析至定量分析的过渡；然后由下至上、由局部到整体逐步对各层因素进行评价，从而使一个复杂系统问题得以解决。对于重要性审计程序判断这个复杂系统来说，应用 AHP 能够把重要性审计程序作为一个整体，对其数量标准和性质标准分别进行评价，然后综合各部分的评价结果，实现对重要性审计程序判断的综合评价。这种方法既能克服传统评价方法的不足，又可以对评价对象进行量化，具有很强的操作性。

二、形成原理

（一）模糊集合

模糊集的定义为：令 μ 为讨论的全体对象，叫做论域（Universe of Discourse）；论域中的每个对象叫做元素，以 μ 表示；μ 上的一个模糊子集 A 是指对于任意 $x \in \mu$，都指定一个数 $\mu_A : \chi \to [0,1]$，表示 χ 隶属于 A 的程度，此映射称为 A 的隶属函数。像这样以加上特性的要素的集合来加以定义，其中［0，1］是表示由 0 到 1 的区间内的所有实数值。当 A 的隶属函数的值域 = ［0，1］时，μ_A 转化为一个普通子集。当 A 单独出现时，称之为模糊集。其中模糊集的高度为最大隶属程度（Degree of Membership），至少有一元素的隶属程度为 1 的模糊集合，称为标准化（Normalized）模糊集合。

（二）三角形模糊数

随着隶属函数形态的不同，模糊数的定义自然会有许多不同的形式。其中较常被采用的有三角形与梯形隶属函数，由于我们仅应用三角形模糊数的概念及简单运算，故以下仅针对三角形模糊数的特性与运算进行说明。

三角形模糊数为以实数线性集合为全集合的模糊集合，正规化且为凸集合，并具有区段性连续的隶属函数的模糊集合，成为模糊数。模糊数结合可能性分析 α 水平（Level a Presumption）与 α 水平置信区间的性质，是置信区间（Confidence Interval）概念的扩充。模糊数是一种非精确值（Imprecision Numbers），与概率论中的随机变量（Random Numbers）是不同的。数学上而言，模糊数的定义为：以实线（Real Line）集合为全集合的模糊集，正规化且为凸集合。而具有区段性连续的隶属函数的模糊集合，则被称为模糊数。

模糊数需满足以下条件：模糊数 A 为一模糊集合，其隶属函数为：μ_A : $\chi \rightarrow [0,1]$

①$\mu_A(\chi)$ 为区段连续（Piecewise Continuous）；

②$\mu_A(\chi)$ 为一凸模糊子集（Convex Fuzzy Subset）；

③$\mu_A(\chi)$ 为正规化模糊子集（Normality of a Fuzzy Subset）；

其图形及数学表达式可表示如下：

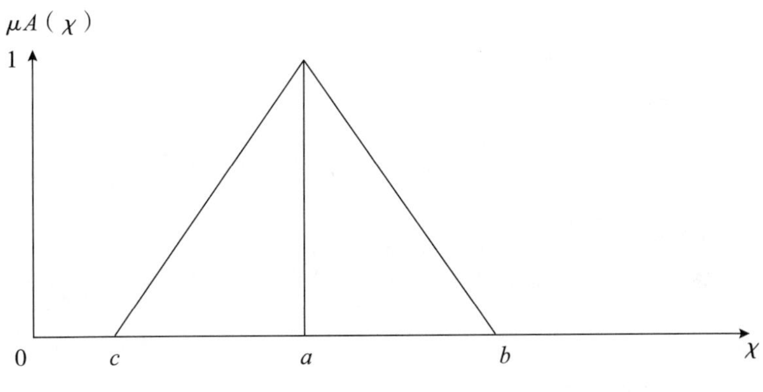

图 7－1

$$\mu_A(x) = \begin{cases} (x-c)/(a-c), c \leqslant x \leqslant a \\ (x-b)/(a-b), a \leqslant x \leqslant b \\ 0, \text{otherwise} \end{cases}$$

式中，$-\infty < c \leqslant a \leqslant b < \infty$。三角形数可表示为 $A = (c, a, b)$，参数 a 具有最大隶属度，即 $\mu_A(a) = 1$，b 与 c 分别表示评估资料可能的上下界，b 与 c 反映资料的模糊性。二者可说明评估资料的模糊性（Fuzziness)，即区间［c，b］越小，表示资料的精确性越高，模糊性越低；反之，区间［c，b］越大，则表示精确性越低，模糊性越高。例如：［大约300］可被表示为（290，300，310），更模糊可用（280，300，320）来表示，同理，非模糊数可以用（300，300，300）来表示。为了使计算效率与评分工作易于进行，此处模糊数皆为三角形模糊数，且资料的最大隶属度皆为1。

（三）模糊数的基本运算

模糊数运算是依据三角形模糊数的性质以及扩张原理（Extension Principle）（Zadeh，1965）（转引自李洪兴、汪培庄，1994），假设有两个三角模糊数A_1与A_2：$A_1 = (c_1, a_1, b_1)$和$A_2 = (c_2, a_2, b_2)$，其代数的四则运算可以表示如下：

1. 模糊数的加法，$\oplus$

$$A_1 \oplus A_2 = (c_1 + c_2, a_1 + a_2, b_1 + b_2)$$

2. 模糊数的减法，Θ

$$A_1 \Theta A_2 = (c_1 - b_2, a_1 - a_2, b_1 - c_2)$$

3. 模糊数的乘法，$\odot$

$$k \odot A = (kc, ka, kb),\ k \in \Re$$

若$c_1 \geqslant 0$，$c_2 \geqslant 0$，则：$A_1 \odot A_2 \doteqdot (c_1c_2, a_1a_2, b_1b_2)$

4. 模糊数的除法：

若$c_1 \geqslant 0$，$c_2 \geqslant 0$，$A_1 \oslash A_2 = (c_1/b_2, a_1/a_2, b_1/c_2)$

（四）解模糊化

所谓解模糊化就是将模糊数转变成一个明确的数值，以用于模糊排序。解模糊化的过程与模糊化刚好相反，它通常把一个模糊集合，转换为一个明确的数值。解模糊化并无固定的方法，需视问题的特性而定，文献中比较常用的方法有“重心法”、“第一个最大归属度值解模糊化法”（又称“爬山法”)、“最后一个最大归属度值解模糊化法”(又称“下山法”)、“最大归属度的平均值解模糊化法”等。现将本模型使用的“重心法”与“最大归属度的平均值解模糊化法”简介如下:

(1)重心法。所谓重心法(Center of Gravity Method)是解模糊化方法中最常用,也是被认为较为合理的一种方法,因此我们所采用的模糊数排序法即为重心法。现将重心法介绍如下:

重心法是由 Yager(1981)等人提出,此法主要是求解模糊数的几何中心,由于每一个模糊数都会有一个 X 轴对应值和 Y 轴对应值,只要比较 X 轴对应值或同时比较 X 轴和 Y 轴对应值,当 X 值或 X 值对应的 Y 值的模糊数越大,其值就越大。

首先令 $f_A(x) = \dfrac{\int_c^b x f_A(x)\,\mathrm{d}x}{\int_c^b f_A(x)\,\mathrm{d}x}$

令 $A_i = (c_i, a_i, b_i)$,$i=1,2,3,\cdots,n$,为 n 个三角形模糊数,则

$$\int_{ci}^{bi} f_{Ai}(x)\,\mathrm{d}x = \frac{1}{2}(b_i - c_i)$$

$$\int_{ci}^{bi} x f_{Ai}(x)\,\mathrm{d}x = \frac{1}{6}(c_i + a_i + b_i)(b_i - c_i)$$

所以 Ai 的重心排序值为 $R(Ai) = \dfrac{1}{3}(c_i + a_i + b_i)$,因此 n 个三角形模糊数的排序值可以很容易的计算出来,n 个三角形模糊数的顺序也能有效决定。

(2)最大归属度的平均值解模糊化法。重心法相对较简易,而平均值法较精确,我们在研究中将同时使用重心法和平均值法,现将最大归属度的平均值解模糊化法介绍如下:

①将模糊数字聚集以获得 FMLR

有许多方法可以看出多个准则的评估情况,例如平均数、中位数、极

大值、极小值……平均数是最常用的方法，可以将多准则的看法聚集起来以求得模糊数的归属值。

模糊重要性水平评估值（Fuzzy Materiality Level Rating，FMLR）结合所有影响重要性水平的因素的模糊等级与权重，来表示被审计单位财务报表错报（包含已知错报及潜在错报）对财务报表使用者的决策的影响程度。因此，我们将 FMLR 的归属函数（Membership Function）来表示财务报表错报的影响程度：不重大、重大或极为重大。

如果审计师认为重要性有 j 个影响因素，他可以将 R_j 及 W_j 分别表示为因素的等级及权重，$j=1,\ 2,\ 3\cdots,\ n$，则：$\mathrm{FMLR}=\sum_{j=1}^{n}(W_j\otimes R_j)/\sum_{j=1}^{n}W_j$

②将 FMLR 和适当的语言水平配合

一旦求出财务报表错报严重程度的 FMLR，我们可以从语言的等级水平更进一步的接近语言所传达出来的意思。

假设自然语言的集合为 ML（Materiality Level）=不重大、重大、极为重大；而 FMLR 相对于 $\mathrm{MLi}\in\mathrm{ML}$ 中的每一个模糊数的距离便可以通过下式计算：

$$d(\mathrm{FMLR},\mathrm{MLi})=\left\{\sum_{x\in p}\left[f_{\mathrm{FMLR}}(x)-f_{\mathrm{MLi}}(x)\right]^2\right\}^{1/2}$$

其中：$p=\{x_0,\ x_1,\ x_2,\ \cdots,\ x_m\}\subset[0,\ 1]$，$0\leqslant x_0<x_1<\cdots<x_m=1$

$$令\ p=\begin{Bmatrix}0,0.05,0.1,0.15,0.2,0.25,0.3,0.35,0.4,0.45,\\0.5,0.55,0.6,0.65,0.7,0.75,0.8,0.85,0.9,0.95,1\end{Bmatrix}$$

以这种方式可被求得 FMLR 对于 ML 集合中的每一个点的距离（Distance），而最接近自然语意（不重大、重大、极为重大）的值即为距离最小者。

第二节　构建重要性审计程序模糊综合评价模型

2006 年 2 月 15 日修订的《中国注册会计师审计准则第 1221 号——重

要性》在其指南中指出，“仅从数量角度，重要性水平只是提供了一个门槛或临界点。在该门槛或临界点之上的错报就是重要的；反之，该错报则不重要。”重要性水平可以表现为一点值，也可以表现为一区间值。无论是点值或区间值，都有判断界限的问题（超过该点值界限或区间值界限为重大，低于该点值或区间值界限为不重大）。审计师有时很难明确地辨认错报金额总额是在该界限之内还是界限之外。区间值界限比点值界限更降低了审计师的判断错误率，但错报金额如果恰好界于区间之中则会有判断的困难。实际上审计师对界限的判断有一定的模糊空间，也就是人们对判断界限并不是像楚河汉界那样泾渭分明的，审计师很难判断说总错报金额50001 就有重大影响，总错报金额 50000 就没有重大影响，因为两者间的差异只有 1。

但在实务中，这样的要求却是难以操作的。准则中没有指出当按照不同的基准与百分比计算得到的重要性水平不同时该如何处理，只是强调审计师的职业判断。为什么同一被审计单位同一期间不同报表的重要性水平不同时，往往以重要性水平最低值为准，而不是以最高者为准？或是以加权平均值为准？其理论依据是重要性水平越高，所需收集的审计证据较少，重要性水平较低，所需收集的审计证据较多，审计风险将较低，在审计效果与审计效率无法兼顾的情况下，宁可先确保审计效果后重审计效率，因此重要性水平才会以最低者为准。但为兼顾审计效果与审计效率，理论上应取最高与最低的中间值为最佳，比方说取最高值与最低值的加权平均值。但实质上重要性水平是一种概念性的观念，虽然可以通过具体数字来表达这样的观念，但重要性水平金额本质上不是一个明确的数字，所以很难用传统的数学运算来决定其最佳值，而通过模糊理论的语意可以克服这样的障碍。

此外，《中国注册会计师审计准则第 1221 号——重要性》应用指南中也指出“由于财务报表提供的信息集中反映了各类交易、账户余额、列报认定层次的最终结果，注册会计师只有通过对各类交易、账户余额、列报认定层次实施审计，才能得出财务报表是否公允反映的结论。”并进而指出，“在确定各类交易、账户余额、列报认定层次的重要性水平时，注册会计师既可以采用分配的方法，也可以采用不分配的方法。”分配也就是运算的问题，如何运算？按预期错误数平均分摊？还是按各类交易、账户余额或列报的预期错误数加权平均分摊？何者较有效？准则中无法予以说明。按主观判断分摊又不够客观，所以按模糊语意来处理重要性水平的分摊问题会比较客观。

在重要性审计程序判断过程中，性质标准往往比错报的数量规模更难以衡量。例如，一些错报的发生可能隐藏着满足财务分析师分析预期的目的，而审计师在审计期间不易取得这种相关信息，这就需要审计师的主观判断及评价。性质标准通常需要审计师积累多年的经验、能力去适当评价。因此，审计师更倾向于数量评价，并使用简单的量化方法以及经验规则。Tversky 和 Kahneman（1974）（转引自刘小年、岳阳，2005）发现，人类在进行判断时，根本不是依据贝叶斯定理，而是根据一些较简单的经验法则（Rule of Thumb）进行的（这种方法又称启发法）。一般而言，根据经验法则来做判断是相当有效的方式，因为能减少判断所需要的认知过程、时间和数量。经验法则虽然可将复杂的问题简化，但有时候会造成偏误（biases），比如对事前概率、样本大小不敏感及效度的错觉等，但它所具有的真实统计含义却非常薄弱，并不适用于重要性判断的不确定性，而模糊理论的特性非常适合不确定性及模糊性问题的分析与评估。

我们使用基于层次分析的模糊综合评价来辅助重要性审计程序判断的方法是比较恰当的，这主要是因为：一是重要性审计程序判断受多因素的影响，具有一定的层次性。运用层次分析法具有较大的优越性，能将定性分析和定量分析相结合，把以人的主观判断为主的定性分析量化，通过数值来显示各个方案的差异，同时它也能够通过权重分析确定各个目标在项目总体中的定位，克服了传统方法无法直观、简洁地分析和描述系统特点的缺陷。二是重要性审计程序的评价具有模糊性，很难严格界定各等级的标准，这种等级的分类只是主观意识的结果，具有模糊性。本书采用模糊分析的方法构建重要性审计程序综合评价模型，运用层次分析法并结合专家打分确定各指标的权重，然后采用模糊综合评价法对重要性审计程序进行评价。

一、重要性审计程序评价的指标体系

如前文所述，重要性审计程序判断标准已逐渐将焦点转向报表使用者，如《中国注册会计师审计准则第 1221 号——重要性》第 3 条指出“如果一项错报单独或连同其他错报可能影响财务报表使用者依据财务报表作出的经济决策，则该项错报是重大的”。

因此，为突出财务报表使用者的重要性，我们将主要的财务报表使用者：政府机关、债权人、投资者、信用评级机构放置于主因素项上，而不成为财务报表使用者需求之下的各个子因素项，以突显财务报表使用者不同可能衍生的差异的重要性，并配合文献探讨得来的因素（Mautz，1966），可将模型要考虑的重要性判断因素进行整理。审计师可以针对财务报表使用者，包括政府机关、债权人、投资者、信用评级机构等，了解其判断观点，寻求各使用者共同重要性标准以建立最佳（Optimal）解。我们将重要性判断需要考虑的因素分为：①财务特征；②企业风险；③会计制度的特性；④法律与契约等四大主因素，而各个主因素之下又分为若干个子因素。现将本研究所使用的因素区分为主因素及子因素整理，见表 7－1。

表 7－1　重要性判断的主因素及子因素

目标层	主因素	子因素
审计重要性判断	A. 财务特征	A1 财务报表错报数的绝对金额
		A2 财务报表错报数相对于资产总额的百分比
		A3 变量能力指标
		A4 偿债能力指标
		A5 获利能力指标
		A6 关联方交易指标

续 表

目标层	主因素	子因素
审计重要性判断	B. 企业风险	B1 行业特性
		B2 企业规模
		B3 盈余趋势
		B4 该企业的竞争力
	C. 会计制度的特性	C1 采用会计政策的稳健程度
		C2 偏离一般公认会计原则的程度
		C3 偏离一般同业实务的程度
		C4 会计政策未一致运用的程度
		C5 提供会计信息的可比较性
		C6 期后事项披露的情形
		C7 有关会计政策披露的情形
	D. 法律与契约	D1 违约成本的可能性
		D2 违法的可能性

利用模糊数学和层次分析法最大的优势是重要性判断不经过重要性基数和百分比，便能直接将各个因素与重要性程度接轨，并且能够兼顾性质标准与数量标准。此外，针对不同的报表使用者（投资者、债权人、政府机关、信用评级机构），我们建议使用不同的重要性判断，以使不同的使用者能够适用不同的重要性判断。

二、重要性审计程序模糊多目标评价模型的构建

G. A. Miller（1965）发现人类无法同时对 7 种以上的事物进行比较（或 7 ±2）；Green 和 Wind（1975）在《销售的多属性决策》（Multi - attribute Decision in Marketing）中也提到一个人对值的判断不能超过 7 个尺度值；而 Saaty（1980）的研究显示，五尺度为人类判断的基本尺度；另根据芪垆（1989）的研究显示，人类在判断行为上，五尺度优于九尺度。基于人类对语意值的区别能力，我们采用非常高（VH）、高（H）、中（M）、

低（L）、非常低（VL）等五个语意变量尺度进行分析与衡量；但为了考虑某些因素在该委托人所面临的环境中不需要考虑（亦即完全不重要）或者有些因素并未发生（即完全无影响），因此我们在五尺度外另外多加了一个语意值：不适用（None），成为六个尺度，以供审计师在评估时的主观判断可以更加多元化。由于人类的自然语言具有通常情况，因此专家给出的评价结果都是接近自然语言的模糊评价信息，为使评价信息更客观、更合理，我们引入了语言变量和模糊三角数（Liand 和 Prade，1994）的对应关系，如表 7－2 所示。本章采用三角形模糊归属函数，其基础变量为［0，1］之间的范围来衡量，以“0”代表最差的值，以“1”代表最佳值，并配合主意变量的词组（不适用、非常低、低、中、高、非常高）来表示对该特定准则的适用水平。实际上每个人的适合度语意值配合的模糊数不见得会是相同的，各个审计师可以根据自己的习惯或经验制定语言变量和模糊三角数，将模糊重要性评估转换为相应的审计行为。

表 7－2　　　　适合度语意值

权重语言变量	模糊三角数
非常低（VL）	（0，0，0.3）
低（L）	（0，0.3，0.5）
中（M）	（0.2，0.5，0.8）
高（H）	（0.5，0.7，1）
非常高（VH）	（0.7，1，1）

依据上表所述的各个因素，及我国审计规则，可拟定下列命题（调查表的形式）由审计师采用专家打分法，每个命题的选项都由非常高（VH）、高（H）、中（M）、低（L）、非常低（VL）、不适用（None）等六个选项中选出一个作为审计师对该命题的看法；在确定各子因素的选项后，考虑其重要性的不同，也同样由六个语意值中勾选一个确定其权重。以下列示的是在出具审计意见阶段所使用的重要性判断：

Part. A 财务特征项下的各个子因素判断

A1. 就“财务报表错报数的确定金额”来看，你认为财务报表错报数

（包含已知错报和推断错报）达到“很有可能影响该财务报表使用者的判断”的程度如何？

A2. 就“财务报表错报数相对于资产总额的百分比”来看，你认为财务报表错报数（包含已知错报和推断错报）达到“很有可能影响该财务报表使用者的判断”的程度如何？

A3. 就“变现能力”来看，你认为财务报表错报数（包含已知错报和推断错报）达到“很有可能影响该财务报表使用者的判断”的程度如何？

A4. 就“偿债能力”来看，你认为财务报表错报数（包含已知错报和推断错报）达到“很有可能影响该财务报表使用者的判断”的程度如何？

A5. 就“获利能力”来看，你认为财务报表错报数（包含已知错报和推断错报）达到“很有可能影响该财务报表使用者的判断”的程度如何？

A6. 就“关联方交易”来看，你认为财务报表错报数（包含已知错报和推断错报）达到“很有可能影响该财务报表使用者的判断”的程度如何？

Part. A – Weight 财务特征项下的各个子因素权重

AW. 你认为考虑“财务特征”时，下列各个子因素对决定重要性水平的重要程度如何：

AW1. 财务报表错报数的绝对金额

AW2. 财务报表错报数相对于资产总额的百分比

AW3. 变现能力

AW4. 偿债能力

AW5. 获利能力

AW6. 关联方交易

Part. B 企业风险项下的各个子因素判断

B1. 就“行业特性”来看，你认为财务报表错报数（包含已知错报和推断错报）达到“很有可能影响该财务报表使用者的判断”的程度如何？

B2. 就“企业规模”来看，你认为财务报表错报数（包含已知错报和推断错报）达到“很有可能影响该财务报表使用者的判断”的程度如何？

B3. 就“盈余趋势”来看，你认为财务报表错报数（包含已知错报和推断错报）达到“很有可能影响该财务报表使用者的判断”的程度如何?

B4. 就“企业的竞争力”来看，你认为财务报表错报数（包含已知错报和推断错报）达到“很有可能影响该财务报表使用者的判断”的程度如何?

Part. B – Weight 企业风险项下的各个子因素权重

BW. 你认为考虑“企业风险”时，下列各个子因素对确定重要性水平的重要程度如何：

BW1. 行业特性

BW2. 企业规模

BW3. 盈余趋势

BW4. 企业的竞争力

Part. C 会计政策或内部控制制度特性项下的各个子因素判断

C1. 就“采用会计政策的稳健程度”来看，你认为财务报表错报数（包含已知错报和推断错报）达到“很有可能影响该财务报表使用者的判断”的程度如何?

C2. 就“偏离一般公认会计原则的程度”来看，你认为财务报表错报数（包含已知错报和推断错报）达到“很有可能影响该财务报表使用者的判断”的程度如何?

C3. 就“偏离一般同业实务的程度”来看，你认为财务报表错报数（包含已知错报和推断错报）达到“很有可能影响该财务报表使用者的判断”的程度如何?

C4. 就“会计政策未一致运用的程度”来看，你认为财务报表错报数（包含已知错报和推断错报）达到“很有可能影响该财务报表使用者的判断”的程度如何?

C5. 就“提供会计信息的可比较性”来看，你认为财务报表错报数（包含已知错报和推断错报）达到“很有可能影响该财务报表使用者的判断”的程度如何?

C6. 就“期后事项披露的情形”来看，你认为财务报表错报数（包含已知错报和推断错报）达到“很有可能影响该财务报表使用者的判断”的程度如何？

C7. 就“有关会计政策披露的情形”来看，你认为财务报表错报数（包含已知错报和推断错报）达到“很有可能影响该财务报表使用者的判断”的程度如何？

Part. C – Weight 会计政策或内部控制制度特性项下的各个子因素权重

CW. 你认为考虑“会计政策或内部控制制度”时，下列各个子因素对决定重要性水平的重要程度如何：

CW1. 采用会计政策的稳健程度

CW2. 偏离一般公认会计原则的程度

CW3. 偏离一般同业实务的程度

CW4. 会计政策未一致运用的程度

CW5. 提供会计信息的可比较性

CW6. 期后事项披露的情形

CW7. 有关会计政策披露的情形

Part. D 法律与契约项下的各个子因素判断

D1. 就“违约成本的可能性”来看，你认为财务报表错报数（包含已知错报和推断错报）达到“很有可能影响该财务报表使用者的判断”的程度如何？

D2. 就“违法的可能性”来看，你认为财务报表错报数（包含已知错报和推断错报）达到“很有可能影响该财务报表使用者的判断”的程度如何？

Part. D – Weight 法律与契约项下的各个子因素权重

DW. 你认为考虑“法律与契约”时，下列各个子因素对决定重要性水平的重要程度如何：

DW1. 违约成本的可能性

DW2. 违法的可能性

经由上述的各个命题便可求得审计师对各个因素所下的判断，及各个因素的权重，最后，再通过下面的命题来求出各个主因素（Main Criteria）适用的权重：

Part. M – Weight 主因素（Main Criteria）的权重

MW. 你认为考虑“重要性水平”时，下列各个子因素对决定重要性水平的重要程度如何：

MW. A 财务特征

MW. B 财务报表使用者为投资者

MW. C 财务报表使用者为债权人

MW. D 财务报表使用者为政府机关

MW. E 财务报表使用者为信用评级机构

MW. F 企业风险

MW. G 会计政策或企业内部控制制度

MW. H 法律与契约

这样，我们可取得重要性水平评分值（FMLR）所需的模糊数，以及各个因素所对应的模糊语意值，以得出该情形下所适用的重要性判断。

三、重要性审计程序判断的运用

我们设计的重要性综合判断模型隐含着风险意义，即重要性判断值（以下简称 MJ）越高表示该财务报表的错报可能性越大，可能影响财务报表使用者的判断。我们可通过上述准则的评分并解模糊化求出重要性的判断值 MJ。重要性判断分为不重大、重大及极为重大等三种，应用在以下两个阶段：

（一）审计计划阶段

审计师在初步审计计划时，会事先拟定一个初步的重要性水平金额，作为该项目抽查或全查的决策标准。根据 MJ 的值若为重大或极为重大，审计师建议该项目应该全查；以三角重心法举例，若应收账款的 MJ 的模糊重要性水平评分值（Fuzzy Materiality Level Rating，FMLR）为 0.71，大于“重大”的三角重心值0.5，应收账款科目就应全查。

因此，我们建议在审计计划阶段应确定模糊数运算所要使用的模糊数群集（Membership）并以此作为初步的MJ，以供后续审计的实施，这相当于传统方法所使用的计划重要性审计程序水平（该水平为一个明确的金额）；而与传统方法类似的是该初步模糊数群集（Membership）可能会与最后出具审计意见时所使用的模糊数群集不尽相同①。

（二）审计意见阶段

如果求解得出审计意见阶段的MJ，我们可依据MJ确定出具的审计意见类型，其产生的流程见表7－3。

表7－3　　重要性判断MJ的产生、应用流程

<table>
<tr><th>输入
INPUT→</th><th>处理
PROCESS→</th><th>输出
OUTPUT→</th><th>判断错误类型
JUDGMENT→</th><th colspan="2">审计意见
AUDIT OPINION</th></tr>
<tr><td rowspan="3">指标因素模数评估</td><td rowspan="3">模糊数运算</td><td rowspan="6">重要性判断（不重大、重大、极为重大）</td><td rowspan="2">不重大</td><td>无特别需要说明的事项</td><td>标准式无保留意见</td></tr>
<tr><td>有特别需要说明的事项</td><td>无保留意见加说明段</td></tr>
<tr><td rowspan="2">重大</td><td>审计范围受限</td><td rowspan="2">保留意见</td></tr>
<tr><td rowspan="3">指标因素模糊权重评估</td><td rowspan="3">解模糊数运算</td><td>不符合公认会计原则</td></tr>
<tr><td rowspan="2">极为重大</td><td>审计范围受限</td><td>无法表示意见</td></tr>
<tr><td>不符合一般公认会计原则</td><td>否定意见</td></tr>
</table>

① 模糊数群集之所以前后可能不同，是因为审计过后审计师可能适度地修正他的风险偏好，而此风险偏好应可通过模糊数群集不同来调整。

第三节　案例分析

为使读者能更清楚地了解我们设计的重要性审计程序模糊综合评价，现模拟一个虚拟案例，假设某审计师在评估应出具何种审计意见时（出具审计意见阶段），根据其对该客户的了解程度，做出如下的评分：

步骤1：模糊数的取得

首先按该审计师个人主观的看法打分，我们假设可以得到如表7－4所示的三角形模糊数，并计算各个语意值所对应的三角形重心值见表7－5。

表7－4　运算过程中所使用的模糊群集

程　度	三角形模糊数
非常低（VL）	(0，0，0.3)
低（L）	(0，0.3，0.5)
中（M）	(0.2，0.5，0.8)
高（H）	(0.5，0.7，1)
非常高（VH）	(0.7，1，1)
不适用（None）	(0，0，0)

表7－5　审计师重要性判断所使用的模糊群集

重要性判断（MJ）	三角形模糊数
不重大	(0，0，0.45)
重大	(0.3，0.5，0.75)
极为重大	(0.55，1，1)

重要性判断所代表的三角形函数可表示见图 7 –2。

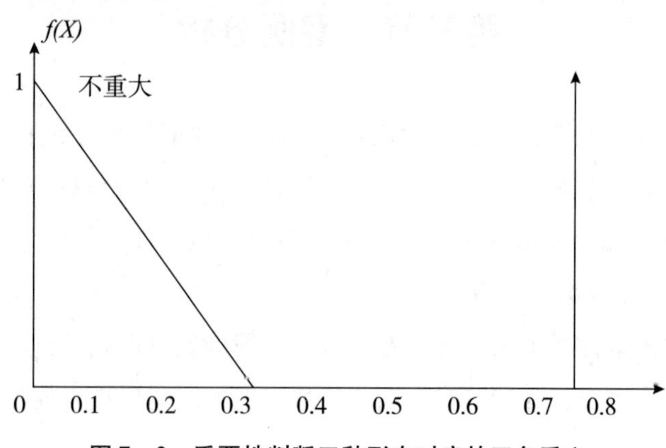

图 7 –2　重要性判断三种形态对应的三角重心

步骤 2：各个因素的评分及子因素的权重（见表 7 –6、表 7 –7、表 7 –8、表 7 –9）

表 7 –6　　Part A 财务特征项下各个子因素判断

评选项目	程度	模糊数			对应权数	程度	模糊数			项目评分		
A1	VL	0	0	0. 3	AW1	VH	0. 7	1	1	0	0	0. 3
A2	L	0	0. 3	0. 5	AW2	M	0. 2	0. 5	0. 8	0	0. 15	0. 4
A3	M	0. 2	0. 5	0. 8	AW3	M	0. 2	0. 5	0. 8	0. 04	0. 25	0. 64
A4	VH	0. 7	1	1	AW4	VL	0	0	0. 3	0	0	0. 3
A5	L	0	0. 3	0. 5	AW5	L	0	0. 3	0. 5	0	0. 09	0. 25
A6	VL	0	0	0. 3	AW6	VH	0. 7	1	1	0	0	0. 3
小计							1. 8	3. 3	4. 4	0. 04	0. 49	2. 19
主因素 A 的评分										0. 0222	0. 1485	0. 5

表 7－7　　　　　Part B 财务特征项下各个子因素判断

评选项目	程度	模糊数			对应权数	程度	模糊数			项目评分		
B1	VL	0	0	0.3	BW1	H	0.5	0.7	1	0	0	0.3
B2	M	0.2	0.5	0.8	BW2	M	0.2	0.5	0.8	0.04	0.25	0.64
B3	VL	0	0	0.3	BW3	VH	0.7	1	1	0	0	0.3
B4	L	0	0.3	0.5	BW4	M	0.2	0.5	0.8	0	0.15	0.4
小计							1.6	2.7	3.6	0.04	0.4	1.64
主因素 B 的评分										0.025	0.1481	0.46

表 7－8　　　　　Part C 财务特征项下各个子因素判断

评选项目	程度	模糊数			对应权数	程度	模糊数			项目评分		
C1	VL	0	0	0.3	CW1	VH	0.7	1	1	0	0	0.3
C2	L	0	0.3	0.5	CW2	M	0.2	0.5	0.8	0	0.15	0.4
C3	M	0.2	0.5	0.8	CW3	L	0	0.3	0.5	0	0.15	0.4
C4	VL	0	0	0.3	CW4	H	0.5	0.7	1	0	0	0.3
C5	L	0	0.3	0.5	CW5	VH	0.7	1	1	0	0.3	0.5
C6	L	0	0.3	0.3	CW6	M	0.2	0.5	0.8	0	0.15	0.4
C7	VL	0	0	0.3	CW7	VH	0.7	1	1	0	0	0.3
小计							3	5	6.1	0	0.75	2.6
主因素 C 的评分										0.0222	0.1485	0.51

表 7－9　　　　　Part D 财务特征项下各个子因素判断

评选项目	程度	模糊数			对应权数	程度	模糊数			项目评分		
D1	L	0	0.3	0.5	DW1	M	0.2	0.5	0.8	0	0.15	0.4
D2	VL	0	0	0.3	DW2	VH	0.7	1	1	0	0	0.3
小计							0.9	1.5	1.8	0	0.15	0.7
主因素 D 的评分										0	0.1	0.389

步骤3：主因素的权重（见表7－10）

表7－10　Part M－Weighty 主因素（Main Criteria）的权重

评选项目	对应权重	模糊数		
MW. A 财务特征	M	0. 2	0. 5	0. 8
MW. B 企业风险	M	0. 2	0. 5	0. 8
MW. C 会计政策或内部会计特征	L	0	0. 3	0. 5
MW. D 法律与契约	VH	0. 7	1	1

步骤4：求出模糊重要性评分值（见表7－11）

表7－11　模糊重要性水平评分值（FMLR）及三角重心值的求得

评选项目	模糊数			对应权重	程度	模糊数			项目评分		
A	0. 0222	0. 1485	0. 498	MW. A	M	0. 2	0. 5	0. 8	0. 00444	0. 074242	0. 39818
B	0. 025	0. 1481	0. 456	MW. B	M	0. 2	0. 5	0. 8	0. 005	0. 074074	0. 36444
C	0	0. 1875	0. 51	MW. C	L	0	0. 3	0. 5	0	0. 05625	0. 2549
D	0	0. 1	0. 389	MW. D	VH	0. 7	1	1	0	0. 1	0. 38889
小计											

模糊重要性水平评分值 FMLR（0. 02361，0. 204566，0. 63596）。

模糊重要性水平评分值 FMLR 的三角重心值 0. 28804。

这样便可以确定在该模拟案例中的重要性判断对应的三角形模拟数为（0. 02361，0. 204566，0. 63596），可以使用图7－3来表示。

步骤5：将重要性转换为语意值

方法1：图视法

在判别本案例的重要性判断应该要归属于何种语意值时，可通过将其模糊数对应的模糊语意值（不重大、重大、极为重大）（如图7－3所示）来判断 FMLR 最接近哪一种语意值。观察此图，我们发现与 FMLR 最接近的模糊语意值为“不重大”，因此，可将本案例的重要性判断（MJ）确定为“不重大”。

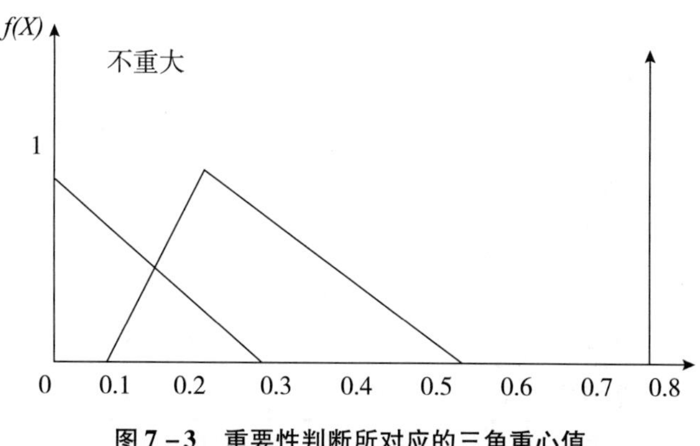

图 7-3 重要性判断所对应的三角重心值

方法 2：三角重心法

另外，我们也可以通过比较 FMLR 的三角重心值与各个模糊语意值的三角重心值之差来求得模糊语意值。差额的绝对值最小的即为最接近的，见表 7-12。

表 7-12 重心法的计算

评选项目	三角形模糊数			三角形模糊数的重心值	FMLR 的重心值	差额的绝对值	项目评分
A	0	0	0.45	0.15	0.28804425	0.138044	☆
B	0.3	0.5	0.75	0.516667		-0.22862	
C	0.55	1	1	0.85		-0.56196	

方法 3：最大归属度的平均值解模糊化法

使用最大归属度的平均值解模糊化，利用下列公式得到 FMLR 对不重大、重大、极为重大这三个三角形中每一点的距离（Distance），距离最小值即为最适合 MJ 的语意值。具体见表 7-13。

$$d(\text{FMLR},\text{MLi}) = \left\{\sum_{x \in p}\left[f_{\text{FMLR}}(x) - f_{\text{MLi}}(x)\right]^2\right\}^{1/2}$$

表 7－13　　计算各点与 FMLR 的平均距离

程度	FMLR	不重大	重大	极为重大
线性方程	$y=5.526x-0.13$ $y=-2.32x+1.474$	$y=-2.22x+1$	$y=5x-1.5$ $y=-4x+3$	$y=2.222x-1.22$
$x=$	0.02　0.21　0.64 距离	0　0　0.45 距离	0.3　0.5　0.75 距离	0.55　1　1 距离
0	-0.1305	1　1.28	0　0.02	0　0.02
0.05	0.1458	0.8889　0.55	0　0.02	0　0.02
0.1	0.4221	0.7778　0.13	0　0.18	0　0.18
0.15	0.6985	0.6667　0	0　0.49	0　0.49
0.2	0.9748	0.5556　0.18	0　0.95	0　0.95
0.25	0.8947	0.4444　0.2	0　0.8	0　0.8
0.3	0.7788	0.3333　0.2	0　0.61	0　0.61
0.35	0.6629	0.2222　0.19	0.25　0.17	0　0.44
0.4	0.5470	0.1111　0.19	0.5　0	0　0.3
0.45	0.4311	0　0.19	0.75　0.1	0　0.19
0.5	0.3152	0　0.1	1　0.47	0　0.1
0.55	0.1993	0　0.04	0.8　0.36	0　0.04
0.6	0.0833	0　0.01	0.6　0.27	0.1111　0
0.65	0	0　0	0.4　0.16	0.2222　0.05
0.7	0	0　0	0.2　0.04	0.3333　0.11
0.75	0	0　0	0　0	0.4444　0.2
0.8	0	0　0	0　0	0.5556　0.31
0.85	0	0　0	0　0	0.6667　0.44
0.9	0	0　0	0　0	0.7778　0.6
0.96	0	0　0	0　0	0.8889　0.79
1	0	0　0	0　0	1　1
平均距离		d（FMLR，不重大）=1.803	d（FMLR，重大）=2.152	d（FMLR，极为重大）=2.763

比较 d（FMLR，不重大）=1.803，d（FMLR，重大）=2.152，d（FMLR，极为重大）=2.763 等三个值可以发现，d（FMLR，不重大）的值最小，所以用平均数法来看，最适合 MJ 的语意为“不重大”。

因此，我们通过上述三种方法都可以确定在本案例中最适合的重要性判断 MJ 所适合的语意值应该是“不重大”的程度。

步骤 6：根据重要性判断的语意值确定审计意见

重要性判断的语意值为不重大，表示该审计师认为被审计单位的财务错报（包含已知错报和潜在错报）尚未达到“很有可能影响使用该财务报表的信息使用者的判断”的程度，且案例假设该审计师认为没有什么需要特别说明的事项，因此该审计师应出具标准无保留意见审计报告。

但由于本章研究尚在初步发展阶段，主要有以下几方面的局限性：

（1）隶属函数（Membership Function）的建立。隶属函数的建立关系着模糊理论运算的成功与失败，我们尚未深入研究隶属函数的设计。

（2）审计过程中，可能因计划重要性与评价重要性不同而需要调整，本章尚未研究如何进一步调整。

（3）影响重要性判断因素的考虑尚未完善。研究影响重要性判断罗列的因素有进一步探讨的余地，如获利能力指标以 EPS 或营业净利润更合理？是否能借鉴平衡记分法融合进入重要性判断因素，也是可以考虑的方向。

（4）模式智能化的深化。本章的研究属于初步概念化研究，我们尚未深入研究如何将该模式转化为智能化的决策支持模式，让审计师能以简便的方法输入相关因素及评估量表，从而能化繁为简，以使整个模型更具体可行。

第四节　本章小结

长久以来，审计师对重要性判断的决策如同一个暗箱，以“职业判断”充斥整个审计过程，其结果往往难以令人信服。因此，本章使用模糊理论及层次分析理论构建重要性审计程序判断模糊综合评价模型，通过重要性判断的模糊分析得到三种语意：不重大、重大、极为重大，以作为辅助审计师在审计计划阶段、出具审计意见阶段重要性判断的决策依据。我们认为，如果能通过模糊综合评价模型将审计师的决策过程、判断依据详细地记录于审计工作底稿中，不但能辅助审计师更客观、全面地实施重要性判断，若发生审计纠纷，也有助于厘清审计师的责任。

第八章　研究总结

通过反思审计意见的合理性问题，我们不难发现整个审计过程就是一个审计师的思维及风险控制过程。看似千篇一律的审计报告，其措辞的选用、意见的表示凝结的却是百余年职业精英的智慧。在这些思维与智慧后面蕴涵着一个博大精深的基础理论。这一基础理论指导审计师融合审计风险模型，克服抽样审计的随意性，引导审计证据的收集及评价，实现审计资源的有效整合，合理保证审计目标的实现。这一基础理论就是重要性审计程序理论。本书在梳理和总结已有研究的基础上，对构建这一基础理论进行了尝试性研究。为了对整个研究的内容及思路作进一步梳理，便于阅读、审视以进一步发现问题与不足，明确未来进一步研究的方向与重点，现做如下总结。

第一节　研究结论

（1）尽管重要性审计程序理论在审计理论中占据着重要地位，但这一理论在现有的审计理论研究中并未得到应有的重视。理论上，重要性审计程序是审计理论体系的重要组成部分，属于应用理论。实务中，重要性审计程序贯穿整个财务报表审计过程，从具体事项的审计到审计意见选择无一不是重要性审计程序概念的运用结果。所以，研究重要性审计程序理论，不仅可以丰富和发展审计理论本身，增强审计理论内部的逻辑性与理论解释力，还可以夯实审计结果的基础，为审计意见提供理性基础。

（2）人们的判断与决策是不可能在完备的世界里完成的，如何让审计意见有合理的、可让人接受的基础或依据，是审计理论必须回答和解释清楚的一个基本问题。其中重要性审计程序的目标是研究重要性审计程序的逻辑起点；重要性审计程序概念的定位涉及重要性审计程序的具体工作；重要性审计程序的数量标准和性质标准不仅可以强化对重要性审计程序的认识，还为实施审计程序时安排审计证据的搜集、规避抽样规模的随意性提供了基础；审计师以对财务报表的公允性合理保证为本质，确定最终审计意见类型。这些概念以重要性审计程序概念为核心，逻辑地结合在一起构成了重要性审计程序理论的主要内容。

（3）重要性审计程序判断的难点在于，审计师需要替代会计信息使用者进行重要性判断，而不同的会计信息使用者对信息的需求很可能是不一致的。而重要性审计程序概念是一种典型的信息披露以满足“使用者需要”为目标构建的概念。在信息使用者问题上的尴尬认识，很大程度上弱化了重要性审计程序判断结果的一致性。因此，审计师的重要性应基于使用者群体对财务报表的一般需求来考虑，而不是考虑具体使用者，因为具体使用者的需求是因人而异的。

（4）重要性审计程序与会计重要性从概念角度并无差别，都需要职业人员站在会计信息使用者的角度作出事前判断，都是既要代替会计信息使用者进行重要性判断，又要承担重要性判断不符合信息使用者期望的风险。但是，会计重要性居于“承认质量的前端”，并非会计信息质量的主要特征；而重要性审计程序处于审计概念体系的核心领域，通过风险导向审计模型，整合审计抽样技术、审计证据，形成完整的审计逻辑体系，贯彻审计过程的始终，发挥着一种不可替代的统驭作用。就重要性审计程序与法律重要性的关系而言，重要性审计程序需要审计师站在会计信息使用者的角度作出重要性的事前判断，而财务报表的某项或累计错报或漏报是否构成重要性，只有在事后产生争议时通过法庭的认定来完成；重要性审计程序主要着眼于项目的数量和性质，并要求考虑当时的环境，而法律重要性则很少提及重要性的数量标准，主要依赖于法官根据案件的特殊情况进行判断；法律对重要性的界定是最为根本的。法律对重要性的界定标准具有根本性的影响，在制定审计准则时应考虑法律要求。

（5）根据审计职业规范的相关要求，重要性审计程序判断应考虑数量标准和质量标准。重要性审计程序的数量标准，是将基于职业存在价值的外生变量——重要性审计程序，转化为若干内生变量，使得审计师能够通过对这些内生变量的控制，最终实现外生变量的目标，通常由审计师主观选择具有代表性的基数和百分比，这种方法恰恰是最容易理解和接受的。重要性水平往往是一个经验值，不能将其简单地用一个数学公式来描述，审计师只能通过职业判断和常识确定重要性水平。关于重要性审计程序的性质标准，周全的罗列需要考虑的性质标准在一定的范围内是可能的，且这是一种可行的且易于操作的方式。且审计规范制定机构应及时更新列举的重要性性质标准。

（6）重要性审计程序是审计职业判断的核心内容，审计职业判断类似于法官的自由心证，职业规范并没有就职业判断提供任何具体规定，也没有要求审计师报告建立他们内心确信的方法。它是一种自由的评价方式，要求审计师本着职业道德，根据理论和经验法则，推断基于合理保证财务报告公允性的内心确信。在理论上，审计并不是一门精确的学科，它运用了数学的方法和思想，但它并不向数学中那些复杂、抽象的函数、公式看齐，除去数学的特质，它更带有哲学的思想和管理的艺术。审计准则缺乏对重要性审计程序的详尽指南，需要审计师根据知识、良知及经验对识别及推断错报的影响程度进行自由的判断，职业的精髓在于高水平的职业判断。

（7）重要性审计程序判断既是一个博弈过程，也是一个审计师追求期望效用最大化的过程。从博弈论的角度看，审计判断过程是一个动态的、不完全信息博弈。以贝叶斯·纳什均衡探讨职业界是否应提供统一的重要性数量标准。研究认为：审计师的重要性数量标准评价与客户财务业绩线性相关，审计师通过对客户的错报金额按比例分配重要性水平，以应对客户管理层的蓄意错报，而客户管理层通过蓄意错报获取最大收益；当审计失败成本远大于扩充审计程序成本时，审计师重要性水平的评价和客户管理层错报金额会随着重要性数量标准的不确定性增加而减少；反之亦然；

重要性数量标准的不确定性对审计风险的影响是无法估量的；客户财务业绩的增加会影响初始重要性水平的增加，未必导致评价重要性水平的增加。

（8）重要性审计程序判断绩效的评价标准可以概括为：审计师的共识性、稳定性和自我洞察力。实验结果表明：我国审计师的共识性、稳定性和自我洞察力已经达到了相当高的水平，但其稳定性和自我洞察力的标准差比较大。重要性审计程序判断的稳定性低于共识。与国外的相似实验研究结果相比，我国审计师的稳定性和自我洞察力差距比较大。此外研究还发现，我国审计师在重要性判断时更注重数量标准的影响，而忽视性质标准的影响，这可能与我国注册会计师审计历史比较短，整个职业的成熟度不够和整体素质不够高有关。

（9）重要性审计程序判断可以用模糊综合评价模型来进行评价。重要性审计程序判断是通过综合评价重要性审计程序的各种数量标准和性质标准，权衡各种因素对审计结果的影响，得到最终的审计结论。由于重要性判断各因素具有多属性且各属性通常不可兼容，造成各部分之间常不具有可比性，再加上各部分之间交互影响与作用，所以重要性审计程序判断有一定的困难。为了使重要性审计程序判断评价的结果更加科学，将模糊综合评价引入重要性审计程序判断的过程中，构建了重要性审计程序判断评价模型。通过对模型进行检验，验证了重要性审计程序判断模型的有效性。

第二节　后续研究建议

（1）本书研究的重要性审计程序问题，其理论框架和审计程序需进一步完善。例如，本文仍没有回答财务报表层次重要性与认定层次重要性的关系如何，财务报表层次的重要性审计程序如何合理地分配至认定层次，是否应在审计报告中披露重要性审计程序信息以增进审计师职业判断运用的合理性。

（2）在检验重要性审计程序判断的一致性及影响因素时，由于审计报告未披露审计师重要性判断的数据，无法获取审计师重要性判断的直接样本，只能通过审计意见类型的不同及相关影响因素来间接考察。

（3）本书对重要性审计程序判断绩效的实验研究仅是一种初步研究。实验研究在国外已开拓地较为齐备，并且研究效果及针对性均是强于文档研究的。如何针对重要性审计程序判断的复杂情境，结合中国环境，设计更为完善的实验案例进行验证，是值得探索的。

（4）本书主要以注册会计师审计为主，重要性审计程序在国家审计和内部审计中的情况较少涉及。未来的研究可进一步对此展开深入研究。

参考文献

[1] 阿立森·萨特克利夫，保罗-埃米尔·罗伊．审计中的职业判断［M］．王富利，译．北京：经济科学出版社，2005.

[2] 蔡春．审计理论结构研究［M］．大连：东北财经大学出版社，2001.

[3] 蔡春，赵莎．现代风险导向审计论［M］．北京：中国时代经济出版社，2006.

[4] 辞海编辑委员会．辞海［M］．上海：上海辞书出版社，1988.

[5] 常勋，黄京菁．从审计模式的演变看风险导向审计［J］．财会通讯，2004（7）：10－12.

[6] 财政部会计准则委员会．会计信息质量特征［M］．大连：大连出版社，2007.

[7] 陈毓圭．对风险导向审计方法的由来及其发展的认识［J］．会计研究，2004（2）：12－14.

[8] 陈红铃．关于减少审计期望差的探讨［J］．河南商业高等专科学校党报，2001，14（2）：38－40.

[9] 储民宏．浅谈审计期望差［J］．审计与经济研究，1998（5）：29－31.

[10] 葛家澍，刘峰．新中国会计理论研究50年回顾［J］．会计研究，1999（10）：11.

[11] 广东、广西等辞源修订组．辞源（第1册）［M］．北京：商务印书馆，1979.

[12] 郭道扬．会计大典：会计史［M］．北京：中国财政经济出版

社，1999.

［13］郭咸纲．西方管理学说史［M］．北京：中国经济出版社，2007.

［14］何佳，何基报．中国股市重大事件信息披露与股价异动［M］．深圳证券交易所综合研究所研究报告，2001.

［15］何卫东．深交所上市公司治理调查分析报告［M］．深圳证券交易所综合所研究报告，2003.

［16］黄京菁．独立审计目标及其实现机制研究［M］．广州：暨南大学出版社，2001.

［17］黄世忠，等．会计舞弊之反思［M］．大连：东北财经大学出版社，2004.

［18］胡知能，徐玖平．运筹学：线性系统优化［M］．北京：科学出版社，2003.

［19］莱茵哈德·泽尔腾．博弈论与实验研究［J］．南开管理评论，2006（9）：11－12.

［20］雷光勇．证券市场审计合谋：识别与规制［M］．北京：中国经济出版社，2005.

［21］廖洪，白华．美国注册会计师审计收费研究［J］．中国注册会计师，2001（8）：63－67.

［22］李洪兴，汪培庄．模糊数学［M］．北京：国防工业出版社，1994.

［23］李建华．科学哲学［M］．北京：中共中央党校出版社，2008.

［24］李若山．巴克雷斯建筑公司审计案例［J］．注册会计师通讯，1998（6）：159－162.

［25］李爽，吴溪．中国证券市场中的审计报告行为：监管视角与经验证据［M］．北京：中国财政经济出版社，2003.

［26］刘国常．论审计判断及其应用［J］．广东审计，1999（3）：27－31.

［27］刘怀德．现代审计实证分析［M］．北京：经济科学出版社，1998.

［28］刘力，马贤明．审计委员会与审计质量——来自中国A股市场的经验数据［J］．会计研究，2008（7）：84－87.

［29］刘明辉．独立审计准则研究［M］．大连：东北财经大学出版社，1997.

［30］刘明辉．高级审计理论与实务［M］．大连：东北财经大学出版社，2006.

［31］刘小年，岳阳．行为审计研究：回顾与启示［J］．审计研究，2005（2）：67－71.

［32］龙宗智．印证与自由心证——我国刑事诉讼证明模式［J］．法学研究，2004（2）：15－18.

［33］苨垆．实用模糊数学［M］．北京：科学技术文献出版社，1989.

［34］迈克尔·查特菲尔德．会计思想史［M］．文硕，董晓柏，王骥，等，译．北京：中国商业出版社，1989.

［35］迈克尔·杰宾斯，阿里斯特·K. 梅森．财务报告中的职业判断［M］．胡志颖，等，译．北京：经济科学出报社，2005.

［36］莫茨，夏拉夫．审计理论结构［M］．文项，等，译．北京：中国商业出版社，1991.

［37］钱玲．经历、知识、能力和电算化审计判断业绩：实验研究［J］．中国会计与财务研究，2004（4）：94－125.

［38］齐斌．证券市场信息披露法律监管［M］．北京：法律出版社，2000.

［39］宋则行，樊亢．世界经济史（下册）［M］．北京：经济科学出版社，1998.

［40］孙铮，王跃堂．审计报告说明段与变更审计意见之实证分析［M］．中国内部审计，1996（6）：13－17.

［41］汤云为，钱逢胜．会计理论［M］．上海：上海财经大学出版社，1997.

［42］汤云为，薛云奎．中国会计研究评述［J］．会计研究，1998（9）：4.

［43］王光远．制度基础审计学［M］．武汉：湖北科学技术出版社，1992.

［44］王光远．会计大典：审计学［M］．北京：中国财政经济出版社，1999.

［45］王立新．模糊系统与模糊控制教程［M］．王迎军，译．北京：清华大学出版社，2003.

［46］汪祥耀．会计准则的发展：透视、比较与展望［M］．厦门：厦门大学出版社，2006.

［47］王啸．财务报表的重要性标准探析［J］．证券市场导报，2003（5）：44－46.

［48］王雄，曹大宽．会计审计新学科概论［M］．郑州：河南人民出版社，1991.

［49］王跃堂，陈世敏．脱钩改制对审计独立性影响的实证研究［J］．审计研究，2001（3）：2－9.

［50］王英姿．审计职业判断差异研究——一项关于上市公司2000年年报的案例分析［J］．审计研究，2002（2）：27－31.

［51］王泽霞．论风险导向审计发展创新——管理舞弊导向审计［J］．会计研究，2004（12）：52－56.

［52］王泽霞．管理舞弊导向审计研究［M］．中南财经政法大学博士论文，2005.

［53］文硕．世界审计史（修订版）［M］．北京：中国审计出版社，1996.

［54］西德尼·戴维森．现代会计手册［M］．娄尔行，译．北京：中国财政经济出版社，1982.

[55] 夏立军. 盈余管理计量模型在中国股票市场的应用研究 [J]. 中国会计与财务研究，2003 (6)：94 - 154.

[56] 肖文八，程庆. 试论审计人员专业判断 [J]. 审计研究，2000 (3)：2 - 6.

[57] 谢少敏. 审计学导论——审计理论入门和研究 [M]. 上海：上海财经大学出版社，2006.

[58] 谢盛纹. 重要性概念及其运用：过去与未来 [J]. 会计研究，2007 (2)：14 - 17.

[59] 谢盛纹. 审计证据理论 [M]. 中南财经政法大学博士论文，2005.

[60] 谢志华. 审计职业判断、审计风险与审计责任 [J]. 审计研究，2000 (6)：42 - 47.

[61] 谢志华，崔学刚. 风险导向审计：机理与运用 [J]. 会计研究，2006 (7)：15 - 18.

[62] 谢炽予. 经济博弈论 [M]. 上海：复旦大学出版社，1999.

[63] 许国志. 系统科学 [M]. 上海：上海科技教育出版社，2004.

[64] 叶清辉. 会计重要性判断的再认识 [M]. 厦门大学博士论文，2003.

[65] 张继勋. 审计判断研究：回顾与前瞻 [J]. 审计研究，2002 (1)：17 - 21.

[66] 张继勋，侯表川. 我国注册会计师审计判断状况的调查分析 [M]. 北京：中国财政经济出版社，2003.

[67] 张继勋，刘成立，等. 中国审计判断质量的实验研究 [J]. 南开管理评论，2006 (9)：53 - 61.

[68] 张继勋，刘成立，等. 资格准入与审计判断质量——一项实验研究 [J]. 审计研究，2006 (5)：40 - 44.

[69] 张继勋，杨明增. 审计判断及其研究 [J]. 中国注册会计师，2007 (9)：72 - 77.

［70］张继勋，付宏琳．经验、任务性质与审计判断质量［J］．审计研究，2008（3）：70－75.

［71］张克昕，张凤林，等．现代管理心理学（第一版）［M］．北京：航空工业出版社，1998.

［72］张龙平，陈建明．独立审计准则导论［M］．北京：中国财政经济出版社，1997.

［73］张龙平，聂曼曼．试述重要性审计准则的应用问题（上）［J］．审计月刊，2006（10）：4－7.

［74］张建军．审计概念体系研究［M］．北京：中国财政经济出版社，1997.

［75］张晓岚，张文杰，等．“重大疑虑事项”为审计判断证据的差异性研究——中国注册会计师审计准则第1324号—持续经营实施效果预测［J］．当代经济科学，2006（7）：96－104.

［76］张晓岚，张文杰，等．上市公司持续经营审计判断差异评价［J］．中南财经政法大学学报，2006（6）：124－129.

［77］赵雷．建设工程监理概论［M］．北京：中国环境科学出版社，2007.

［78］周勤业，尤家荣，等．审计［M］．上海：上海三联书店，1996.

［79］朱红军，夏立军，等．转型经济中审计市场的需要特征研究［J］．审计研究，2004（5）：50－62.

［80］中国注册会计师协会．审计［M］．北京：经济科学出版社，2012.

［81］中国社会科学院语言研究所词典编辑室编．现代汉语词典［M］．北京：商务印书馆，1980.

［82］AAA. A Statement of Basic Accounting Theory［M］. Evanston, ILL.: American Accounting Association, 1966.

［83］ASHTON A H. An Experimental Study of Internal Control Judgments［J］. Journal of Accounting Research Spring, 1974（12）：143－158.

[84] ASHTON R H, BROWN P R. Descriptive Modeling of Auditors' Internal Control Judgments: Replication and Extension [J]. Journal of Accounting and Research, 1980 (Spring): 269 -277.

[85] ASHTON R H. Human Information Processing in Accounting [M]. Studies in Accounting Research. Florida: American Accounting Association, 1982.

[86] BARTOV E, GUI R. Discretionary Accruals Models and Audit Qualifications [J]. Journal of Accounting and Economics, 2000 (30): 421 -452.

[87] BECKER C L, DEFOND M L. The Effect of Audit Quality on Earnings Management [J]. Contemporary Accounting Research, 1998, 15 (1): 1 -24.

[88] BELL T B, MARRS F O. Auditing Organizations Through A Strategic - Systems Lens [M]. New York: KPMG Peat Marwick LLP, 1997.

[89] BLOKDIJK H F, DRIEENHUIZE. Factors Affecting Auditors' Assessments of Planning Materiality [J]. Auditing: A Journal of Practice & Theory, 2003 (22): 297 -307.

[90] BONNER S E, PALMROSE Z V. Fraud Type and Auditor Litigation: an Analysis of SEC Accounting and Auditing Enforcement Releases [J]. The Accounting Review, 1998 (73): 503 -532.

[91] CARCELLO J V, PALMROSE Z V. Auditor Litigation and Modified Reporting on Bankrupt Clients [J]. Journal of Accounting Research, 1994 (32): 1 -30.

[92] CHEWNING G, PANY K. Auditor Reporting Decisions Involving Accounting Principle Changes: Some Evidence on Materiality Thresholds [J]. Journal of Accounting Research, 1989 (27): 78 -96.

[93] CUSHING, et al. Materiality Allocation in Audit Planning: a Feasibility Study [J]. Journal of Accounting Research, Supplement, 1979 (17): 173 -174.

[94] D MURRY, REGEL R W. Accuracy and Consensus in Accounting Studies of Decision-making [J]. Behavioral Research in Accounting, 1992

(4): 127 – 139.

[95] DEANGELO L E. Auditor Independence, 'Low Bailing', and Disclosure Regulation [J]. Journal of Accounting and Economics, 3 (2): 1981 (8): 113 – 127.

[96] DEZOORT F T, HERMANSON D R. Audit Committee Support for Auditors: the Effects of Materiality Justification and Accounting Precision [J]. Journal of Accounting and Public Policy, Vol. 35, 2003 (22): 175 – 199.

[97] DYE R A. Auditing Standards, Legal Liability and Auditor Wealth [J]. Journal of Political Economy, 1993 (10): 887 – 914.

[98] EILIFSEN A, MESSIER W. The Incidence and Detection of Misstatements: a Review and Integration of Archival Research [J]. Journal of Accounting Literature, 2000 (19): 1 – 43.

[99] FIRTH M. Consensus Views and Judgment Models in Materiality Decisions [J]. Accounting, Organizations and Society, 1979 (14): 116 – 129.

[100] FLINT D. Philosophy and Principles of Auditing, an Introduction [M]. Macmillan Education Ltd., 1988.

[101] GIBBINS M, EMBY K. Evidence on the Nature of Professional Judgment in Public Accounting [M] //Auditing Research Symposium. Champaign: Office of Accounting Research, College of Commerce and Business, 1984.

[102] GOLDBERG I. Simple Model Process. Some Research on Clinical Judgment [J]. American Psychologist, 1968 (7): 483 – 496.

[103] HASTIE R. Problems for Judgment and Decision-making [J]. Annual Review of Psychology, 2001 (52): 653 – 683.

[104] HAYS W L. Statistics [M]. New York: CBS College Publishing, 1981.

[105] HICKS E L. Standards for the Attest Function [J]. Journal of Accountancy, 1974 (2): 39 – 45.

[106] HOJSKOV L. The Expectation Gap between Users' and Auditors' Materiality Judgments in Denmark [J]. Accounting, Auditing and Accountabili-

ty Journal，1998 (8)：1 –23.

[107] HOLSTRUM G L，MESSIER W F. A Review and Integration of Empirical Research on Materiality [J]. Auditing：a Journal of Practice and Theory，1982 (Fall)：45 –63.

[108] IAASB. ISA320：“Materiality in Planning and Performing an Audit”. http：//www. ifac. org/Guidance /EXD2Down2load. php? EDF ID =00176. 2006.

[109] ICEMAN R C，HILLISON W A. Disposition of Audit–detected Errors：Some Evidence on Evaluative Materiality [J]. Auditing：a Journal of Practice & Theory，1991 (10)：22 –34.

[110] JOHNSTONE K M，BEDARD J C. Aggressive Client Reporting：Factors Affecting Auditors' Generation of Financial Reporting Alternatives [J]. Auditing，2002，21 (1)：47 –65.

[111] JOHNSTONE K. Client–acceptance Decisions：Simulatneous Effects of Client Business Risk，Audit Risk，Auditor Business Risk，and Risk Adaptation [J]. Auditing：a Journal of Practice and Theory，2000 (19)：1 –26.

[112] JOHNSTONE K M，SUTTON M H. Antecedents and Consequence of Independence Risk：Framework for Analysis [J]. Accounting Horizons，2001 (5)：1 –18.

[113] KEASEY K，WATSON R. Consensus and Accuracy in Accounting Studies of Decision-making：a Note on a New Measure of Consensus [J]. Accounting，Organizations and Society，1989 (4)：337 –345.

[114] KINNEY W R，Jr，MCDANIEL L S. Characteristics of Firms Correcting Previously Reported Quarterly Earnings [J]. Journal of Accounting & Economics，1989 (12)：71 –93.

[115] KOTHARI S P，LEONE A J. Performance Matched Discretionary Accrual Measures [J]. Journal of Accounting and Economics，2005 (1)：163 –197.

[116] KRISHNAN. Auditors Witching and Conservatism [J]. The Ac-

counting Review, 1994 (1): 200 – 215.

[117] KRISHNAN J, STEPHENS R G. Evidence on Opinion Shopping from Audit Opinion Conservatism [J]. Journal of Accounting Research, 1995, 14 (3): 179 – 201.

[118] KROGSTAD, et al. Context and Experience in Auditors' Materiality Judgments [J]. Auditing: a Journal of Practice and Theory, 1984, 4 (1): 54 – 73.

[119] LIAND G, PRADE H. Personnel Selection Using Fuzzy MCDM Algorithm [J]. European Journal of Operational Research, 1994 (78): 22 – 23.

[120] LIBBY R, LEWIS R L. Human Information Processing Research in Accounting: the State of the Art [J]. Accounting, Organizations and Society, 1982 (7): 231 – 285.

[121] LIBBY R. The Role of Knowledge and Memory in Audit Judgment [M] //ASHTON R, ASHTON A. Judgment and Decision-making Research in Accounting and Auditing. New York, NY: Cambridge University Press, 1995.

[122] LIBBY R, KINNEY W R, Jr. Does Mandated Audit Communication Reduce Opportunistic Corrections to Manage Earnings to Forecast [J]. The Accounting Review, 2000 (75): 383 – 404.

[123] LIGGIO C D. The Expectation Gap: the Accountant Waterloo [J]. Journal of Contemporary Business, 1974 (3): 27 – 44.

[124] GIBBINS M, MASON A K. Professional Judgment in Financial Reporting [M]. Toronto: CICA, 1998.

[125] JENNINGS M M, RECKER P M. A Source of Insecurity: a Discussion and an Empirical Examination of Standards of Disclosure and Levels of Materiality in Financial Statements [J]. The Journal of Corporation Law, 1985 (Spring): 73 – 78.

[126] JENNINGS M, KNEER D C. A Reexamination of the Concept of Materiality: Views of Auditors, Users, and Officers of the Court [J]. Audi-

ting: a Journal of Practice & Theory, 1987, 6 (2): 105 – 123.

[127] MAYERS J N, MYERS L A. Exploring the Term of the Auditor-client Relationship and the Quality of Earnings: a Case for Mandatory Auditor Rotation [J]. Accounting Review, 2003, 78 (3): 779 – 799.

[128] O'CONNOR M C, COLLINS D W. Toward Establishing User-oriented Materiality Standards [J]. The Journal of Accountancy, 1974 (12): 70 – 73.

[129] MESSIER W F, Jr. The Effect of Experience and Firm Type of Materiality/Disclosure Judgments [J]. Journal of Accounting Research, 1983 (2): 611 – 618.

[130] MONROE G S, WOODLIFF D R. The Effect of Education on the Audit Expectation Gap [J]. Accounting and Finance, 1993, 33 (3): 61 – 78.

[131] MORIARITY S, BARRON F H. Modelling the Materiality Judgments of Audit partners [J]. Journal of Accounting Research, 1976(Autumn): 320 – 341.

[132] MYERS J N, LINDA A. Exploring the Term of the Auditor-client Relationship and the Quality of Earnings: a Case for Mandatory Auditor Rotation [J]. Accounting Review, 2003, 78 (3): 779 – 799.

[133] PANY, WHEELER. Materiality: an Inter-industry Comparison of the Magnitudes and Stabilities of Various Quantitative Measures [J]. Accounting Horizons, 1989 (12): 72 – 76.

[134] PATTILLO J W. The Concept of Materiality in Financial Reporting [J]. Financial Executive, 1973 (10): 28 – 38.

[135] PATTILLO J W, SIEBEL J D. Factors Affecting the Materiality Judgment [J]. The CPA Journal, 1974 (44): 39 – 44.

[136] MAUTZ R K. Reviewed Work(s): Materiality in Auditing by Study Group on Audit Techniques [J]. The Accounting Review, 1966, 41 (10): 829 – 890.

[137] PORTER B. An Empirical Study of the Audit Expectation – performance Gap [J]. Accounting and Business Research, 1993 (24): 49 –68.

[138] ROSNER R L, COMUNALE C L. Assessing Materiality: a New "Fuzzy Logic" Approach. http: //www. nysscpa. org/cpajournal/2006/606/essentials/p26. htm.

[139] ROSNER R L, COMUNALE C L. A New Approach to Assessing Materiality. http: //aaahq. org/audit/midyear/06midyear/papers/.

[140] SAB99 – Materiality. http: //www. sec. gov/interps/account/sab99. htm.

[141] WOOLSEY S M. Toward Standards for Materiality [J]. The Journal of Accountancy, 1973 (6): 62 –65.

[142] SOLOMON I, SHIELDS M D. Judgment and Decision-making Research in Accounting and Auditing [M]. New York: Cambridge University Press, 1995.

[143] GLOVER S M, PRAWITT D F. Component Materiality for Group Audits [J]. Journal of Accountancy, 2007 (12): 42 –46.

[144] MCKEE T E, EILIFSEN A. What is All the Fuss about Materiality [J]. The Ohio CPA Journal, 2000 (4): 49 –51.

[145] TROTMAN K T. Audit Judgment Research Overview and Opportunities for Research in China [J]. China Accounting and Finance Review, 1999 (1): 37 –64.

[146] HOLMES W. Materiality——through the Looking Glass [J]. The Journal of Accountancy, 1972 (2): 46 –48.

[147] WOOLSEY S M. Development of Criteria to Guide the Acountant in Judging Materiality [J]. Journal of Accountancy, 1954 (2): 167 –173.

附录 1　持续经营样本各变量特征比较

变量	组别	Mean	Std. Deviation	Minimum	Maximum	Median	Range	四分位距	变异系数
GC	1	0. 870	0. 338	0	1	1	1	0	0. 389
	2	0. 935	0. 249	0	1	1	1	0	0. 266
	3	1	1	1	1	1	0	1	1
	4	0. 667	0. 492	0	1	1	1	1	0. 738
NGC	1	0. 129	0. 338	0	1	0	1	0	0. 114
	2	0. 065	0. 249	0	1	0	1	0	2. 620
	3	0	0	0	0	0	0	0	0
	4	0. 333	0. 492	0	1	0	1	1	1. 477
SIZE	1	9. 062	0. 046	8. 096	9. 899	9. 039	1. 804	0. 582	0. 005
	2	9. 264	0. 401	8. 306	9. 853	9. 258	1. 547	0. 563	0. 043
	3	9. 219	0. 297	8. 740	9. 730	9. 165	0. 990	0. 356	0. 032
	4	9. 067	0. 648	8. 242	10. 343	8. 990	2. 100	1. 022	0. 607
INVEST	1	0. 081	0. 094	0	0. 424	0. 055	0. 424	0. 107	1. 16
	2	0. 150	0. 187	0	0. 683	0. 059	0. 683	0. 225	1. 247
	3	0. 101	0. 116	0. 012	0. 364	0. 066	0. 352	0. 112	1. 149
	4	0. 087	0. 120	0	0. 347	0. 014	0. 347	0. 176	1. 379
INVENT	1	0. 134	0. 131	0. 001	0. 544	0. 084	0. 543	0. 162	0. 978
	2	0. 124	0. 107	0. 003	0. 374	0. 086	0. 371	0. 146	0. 862
	3	0. 141	0. 180	0. 028	0. 556	0. 073	0. 529	0. 159	1. 277
	4	0. 065	0. 071	0. 001	0. 234	0. 036	0. 233	0. 092	0. 005

续　表

变量	组别	Mean	Std. Deviation	Minimum	Maximum	Median	Range	四分位距	变异系数
ACCD	1	0. 088	0. 094	0	0. 587	0. 057	0. 587	0. 092	1. 068
	2	0. 108	0. 083	0. 003	0. 287	0. 102	0. 283	0. 119	0. 769
	3	0. 104	0. 108	0. 031	0. 327	0. 049	0. 296	0. 144	1. 038
	4	0. 154	0. 135	0. 004	0. 385	0. 115	0. 381	0. 233	0. 877
SMOOTH	1	0. 221	0. 417	0	1	0	1	0	2. 131
	2	0. 226	0. 425	0	1	0	1	0	1. 881
	3	0. 125	0. 354	0	1	0	1	0	2. 832
	4	0. 083	0. 289	0	1	0	1	0	3. 482
PCF	1	-0. 027	0. 542	-1. 426	3. 333	0. 009	4. 759	0. 347	20. 074
	2	-0. 104	0. 401	-1. 238	0. 425	-0. 039	1. 663	0. 253	3. 856
	3	-0. 360	0. 486	-1. 251	0. 121	-0. 172	1. 372	0. 799	1. 35
	4	-0. 294	0. 492	-1. 245	0. 190	-0. 055	1. 435	0. 553	1. 673
EQUNOT	1	0. 078	0. 269	0	1	0	1	0	3. 449
	2	0. 097	0. 301	0	1	0	1	0	3. 103
	3	0. 250	0. 463	0	1	0	1	0. 75	1. 852
	4	0. 417	0. 515	0	1	0	1	1	1. 235
BANK	1	0. 034	0. 087	0	0. 653	0. 003	0. 653	0. 030	2. 559
	2	0. 022	0. 053	0	0. 258	0	0. 258	0. 020	2. 409
	3	0. 019	0. 026	0	0. 061	0. 004	0. 061	0. 044	1. 368
	4	0. 039	0. 067	0	0. 228	0. 003	0. 228	0. 057	1. 718
IMPR	1	0. 041	0. 119	-0. 260	0. 547	0	0. 807	0. 045	2. 902
	2	0. 092	0. 197	-0. 205	0. 879	0. 001	1. 085	0. 151	2. 141
	3	0. 100	0. 335	-0. 512	0. 556	0. 054	1. 068	0. 419	3. 35
	4	0. 259	0. 286	-0. 019	0. 794	0. 169	0. 813	0. 558	0. 082

续 表

变量	组别	Mean	Std. Deviation	Minimum	Maximum	Median	Range	四分位距	变异系数
LITI	1	0. 389	0. 491	0	1	0	1	1	1. 104
	2	0. 355	0. 486	0	1	0	1	1	1. 369
	3	0. 500	0. 535	0	1	0. 5	1	1	1. 07
	4	0. 500	0. 522	0	1	0. 5	1	1	1. 044
LOSS	1	0. 312	0. 466	0	1	0	1	1	1. 494
	2	0. 548	0. 506	0	1	1	1	1	0. 923
	3	0. 750	0. 463	0	1	1	1	0. 750	0. 617
	4	0. 833	0. 389	0	1	1	1	0	0. 467
VIOL	1	0. 156	0. 365	0	1	0	1	0	2. 339
	2	0. 129	0. 341	0	1	0	1	0	2. 643
	3	0. 375	0. 518	0	1	0	1	1	1. 381
	4	0. 167	0. 389	0	1	0	1	0	2. 329
MS	1	0. 584	0. 496	0	1	1	1	1	0. 849
	2	0. 742	0. 445	0	1	1	1	1	0. 599
	3	0. 375	0. 518	0	1	0	1	1	1. 381
	4	0. 417	0. 515	0	1	0	1	1	1. 235
GQL	1	0. 545	0. 501	0	1	1	1	1	0. 919
	2	0. 581	0. 502	0	1	1	1	1	0. 864
	3	0. 375	0. 518	0	1	0	1	1	1. 381
	4	0. 500	0. 522	0	1	0. 5	1	1	1. 044
GQH	1	0. 221	0. 417	0	1	0	1	0	1. 887
	2	0. 064	0. 249	0	1	0	1	0	3. 89
	3	0. 125	0. 354	0	1	0	1	0	2. 832
	4	0. 167	0. 389	0	1	0	1	0	2. 329

续　表

变量	组别	Mean	Std. Deviation	Minimum	Maximum	Median	Range	四分位距	变异系数
CLIENTIMP	1	0. 047	0. 048	0. 009	0. 335	0. 034	0. 326	0. 031	1. 021
	2	0. 039	0. 024	0. 010	0. 141	0. 034	0. 132	0. 015	0. 615
	3	0. 044	0. 011	0. 033	0. 070	0. 042	0. 036	0. 010	0. 25
	4	0. 033	0. 022	0. 010	0. 097	0. 031	0. 087	0. 018	0. 667
CR	1	0. 024	0. 015	0. 002	0. 065	0. 021	0. 063	0. 012	0. 625
	2	0. 024	0. 014	0. 005	0. 065	0. 021	0. 060	0. 007	0. 583
	3	0. 017	0. 004	0. 010	0. 022	0. 017	0. 013	0. 006	0. 235
	4	0. 027	0. 016	0. 007	0. 065	0. 022	0. 058	0. 021	0. 593
BIG	1	0. 143	0. 352	0	1	0	1	0	2. 462
	2	0. 194	0. 402	0	1	0	1	0	2. 072
	3	0. 250	0. 463	0	1	0	1	0. 75	1. 852
	4	0. 250	0. 452	0	1	0	1	0. 75	1. 808

注：1 = 无保留意见加强调段，2 = 保留，3 = 保留加强调段，4 = 无法表示意见。

附录2　非持续经营样本各变量特征比较

变量	组别	Mean	Std. Deviation	Minimum	Maximum	Median	Range	四分位距	变异系数
GC	1	0. 427	0. 497	0	1	0	1	1	1. 164
	2	0. 25	0. 463	0	1	0	1	0. 75	1. 852
	3	0. 556	0. 527	0	1	1	1	1	0. 948
	4	0. 3	0. 464	0	1	0	1	1	1. 547
NGC	1	0. 573	0. 497	0	1	1	1	1	0. 867
	2	0. 75	0. 463	0	1	1	1	0. 75	0. 617
	3	0. 444	0. 527	0	1	0	1	1	1. 187
	4	0. 7	0. 464	0	1	1	1	1	0. 663
SIZE	1	8. 700	0. 589	6. 149	9. 909	8. 809	3. 761	0. 613	0. 067
	2	8. 398	0. 296	7. 967	8. 849	8. 435	0. 882	0. 461	0. 035
	3	8. 936	0. 339	8. 451	9. 481	8. 875	1. 030	0. 577	0. 038
	4	8. 498	0. 701	5. 348	9. 569	8. 564	4. 221	0. 56	0. 082
INVEST	1	0. 099	0. 155	0	0. 845	0. 041	0. 845	0. 134	1. 566
	2	0. 069	0. 129	0	0. 371	0	0. 371	0. 098	1. 869
	3	0. 050	0. 053	0	0. 148	0. 029	0. 148	0. 088	1. 06
	4	0. 101	0. 152	0	0. 604	0. 041	0. 604	0. 128	1. 505
INVENT	1	0. 106	0. 119	0	0. 731	0. 077	0. 731	0. 130	1. 123
	2	0. 109	0. 063	0. 005	0. 192	0. 127	0. 187	0. 105	0. 578
	3	0. 122	0. 129	0. 008	0. 397	0. 039	0. 389	0. 177	1. 057
	4	0. 091	0. 889	0	0. 286	0. 052	0. 286	0. 157	9. 769

续 表

变量	组别	Mean	Std. Deviation	Minimum	Maximum	Median	Range	四分位距	变异系数
ACCD	1	0. 205	0. 357	0	3. 29	0. 089	3. 29	0. 216	1. 741
	2	0. 247	0. 309	0. 069	0. 971	0. 121	0. 902	0. 232	1. 251
	3	0. 134	0. 173	0. 018	0. 572	0. 092	0. 554	0. 128	1. 291
	4	0. 274	0. 240	0. 007	1. 156	0. 196	1. 149	0. 312	0. 876
SMOOTH	1	0. 129	0. 337	0	1	0	1	0	2. 612
	2	0. 375	0. 518	0	1	0	1	1	1. 381
	3	0. 111	0. 333	0	1	0	1	0	3
	4	0. 025	0. 158	0	1	0	1	0	6. 32
PCF	1	-0. 079	0. 339	-1. 740	0. 883	-0. 001	2. 623	0. 107	4. 291
	2	0. 059	0. 154	-0. 136	0. 380	0. 022	0. 516	0. 153	2. 61
	3	-0. 155	0. 224	-0. 646	-0. 007	-0. 075	0. 639	0. 247	1. 445
	4	-0. 150	0. 397	-2. 167	0. 169	-0. 011	2. 336	0. 147	2. 647
EQUNOT	1	0. 458	0. 500	0	1	0	1	1	1. 092
	2	0. 750	0. 463	0	1	1	1	0. 75	0. 617
	3	0. 444	0. 527	0	1	0	1	1	1. 187
	4	0. 7	0. 464	0	1	1	1	1	0. 663
BANK	1	0. 052	0. 115	0	0. 798	0. 003	0. 798	0. 060	2. 212
	2	0. 094	0. 169	0	0. 450	0	0. 450	0. 204	1. 798
	3	0. 460	1. 194	0	3. 637	0	3. 637	0. 197	2. 596
	4	0. 283	0. 852	0	4. 269	0. 018	4. 269	0. 157	3. 011
IMPR	1	-0. 281	6. 591	-73. 836	11. 717	0	85. 553	0. 113	23. 456
	2	0. 744	1. 188	-0. 402	3. 201	0. 403	3. 603	1. 506	1. 597
	3	0. 222	0. 472	0	1. 427	0. 037	1. 427	0. 248	2. 126
	4	1. 483	5. 709	-0. 753	35. 336	0. 057	36. 088	0. 684	3. 849

续　表

变量	组别	Mean	Std. Deviation	Minimum	Maximum	Median	Range	四分位距	变异系数
LITI	1	0. 626	0. 486	0	1	1	1	1	0. 776
	2	0. 625	0. 518	0	1	1	1	1	0. 829
	3	0. 667	0. 5	0	1	1	1	1	0. 749
	4	0. 659	0. 480	0	1	1	1	1	0. 728
LOSS	1	0. 565	0. 498	0	1	1	1	1	0. 881
	2	0. 75	0. 463	0	1	1	1	0. 75	0. 617
	3	0. 889	0. 333	0	1	1	1	1	0. 375
	4	0. 854	0. 358	0	1	1	1	0	0. 419
VIOL	1	0. 214	0. 412	0	1	0	1	0	1. 925
	2	0. 375	0. 518	0	1	0	1	1	1. 381
	3	0. 556	0. 527	0	1	1	1	0	0. 948
	4	0. 317	0. 471	0	1	0	1	1	1. 486
MS	1	0. 603	0. 491	0	1	1	1	1	0. 814
	2	0. 624	0. 518	0	1	1	1	1	0. 830
	3	0. 778	0. 441	0	1	1	1	0. 5	0. 194
	4	0. 585	0. 499	0	1	1	1	1	0. 567
GQL	1	0. 664	0. 474	0	1	1	1	1	0. 714
	2	0. 750	0. 463	0	1	1	1	0. 75	0. 617
	3	0. 556	0. 527	0	1	1	1	1	0. 948
	4	0. 707	0. 461	0	1	1	1	1	0. 652
GQH	1	0. 069	0. 254	0	1	0	1	0	3. 681
	2	0	0	0	0	0	0	0	0
	3	0. 111	0. 333	0	1	0	1	0	3
	4	0. 122	0. 331	0	1	0	1	0	2. 713

续 表

变量	组别	Mean	Std. Deviation	Minimum	Maximum	Median	Range	四分位距	变异系数
CLIENTIMP	1	0. 053	0. 069	0. 007	0. 499	0. 033	0. 492	0. 031	1. 302
	2	0. 042	0. 041	0. 008	0. 136	0. 028	0. 128	0. 040	0. 976
	3	0. 031	0. 024	0. 016	0. 093	0. 026	0. 077	0. 011	0. 774
	4	0. 034	0. 021	0. 008	0. 103	0. 032	0. 095	0. 020	0. 618
CR	1	0. 022	0. 013	0. 001	0. 065	0. 020	0. 065	0. 013	0. 591
	2	0. 022	0. 017	0. 005	0. 060	0. 019	0. 056	0. 013	0. 773
	3	0. 028	0. 011	0. 007	0. 041	0. 025	0. 034	0. 016	0. 393
	4	0. 025	0. 014	0. 006	0. 065	0. 022	0. 059	0. 015	0. 56
BIG	1	0. 168	0. 375	0	1	0	1	0	2. 232
	2	0. 025	0. 493	0	1	0	1	0. 75	19. 72
	3	0	0	0	1	0	0	0	0
	4	0. 122	0. 331	0	1	0	1	0	2. 713

注：1 = 无保留意见加强调段，2 = 保留，3 = 保留加强调段，4 = 无法表示意见。

附录3　重要性审计程序判断实验案例

一、基本情况（请在相应项目□中打√）

1. 您在事务所中是：□所长、主任会计师或类似职务　□部门经理　□项目经理　□助理

2. 您从事审计工作的时间已有：□0～2年　□2～5年　□5～10年　□10年以上

3. 您所在事务所是否具有从事证券、期货业务的资格：□有　□无

4. 您是否是注册会计师：□是　□不是

5. 您的教育背景：□硕士以上　□大学本科　□大学专科　□其他（会计学硕士研究生、会计专业硕士、MBA等）

二、案例信息

假如您是某项具体审计业务的主要负责人，您所在的会计师事务所从2007年起为该客户提供财务报表审计服务，前三年签发的均是标准无保留意见审计报告。您在审计该客户2011年度的财务报表时，发现企业已计提坏账准备3000万元。但根据已实施的审计程序，您认为客户应计提坏账准备5000万元。因此，您建议被审计单位补提坏账准备2000万元。

1. 您在判断上述建议调整事项（即增加计提坏账准备2000万元）的重要性时，通常会考虑哪些线索，请在下表中用A、B、C等序号标出您考虑线索的先后顺序。

被审计单位的公司特征		影响您判断被调整事项重要性的因素（请在对应处打√）	请对您选择的影响因素的优先顺序用 A、B、C……标注
线索	各线索的情况		
1. 被审计单位自身的发展趋势	多元化、成长性较好的行业		
2. 被审计单位组织形式	上市公司（财务报表主要使用者是股东）		
3. 被审计单位采取会计政策的趋向	保守		
4. 对被审计单位内部控制的评价	健全、有效		
5. 该调整事项对被审计单位资产负债率的影响（该行业的资产负债率一般在 50% ~70%）	资产负债率由 50% 上升为 60%		
6. 该调整事项对被审计单位净利润的影响	净利润下降 3.5%		
7. 该调整事项对被审计单位净资产的影响	净资产下降 2.1%		
8. 该调整事项对被审计单位盈余性质的影响	没有改变盈余性质		

2. 请您根据上述线索，判断未调整事项是否为重大错报的程度。

□不重大　　□重大　　□极其重大

3. 如果被审计单位未接受您的建议进行调整，您可能会出具何种类型的审计意见？

□标准无保留意见　□保留意见　　□否定意见

基于研究需要，我们设计了这份问卷，恳请您帮助回答。本问卷为无记名问卷，纯属学术性质，回答无所谓对错，只要反映您的真实理解就是最佳答案，就会对我们的研究很有价值。如果需要回函，请寄至以下地址：

(210046）南京市亚东新城区文苑路3号南京财经大学会计学院　毛敏（收）

谢谢您的支持！祝您万事如意！